»Olzog-Studienbuch«
Weidenfeld, Die Frage nach der Einheit der deutschen Nation

Werner Weidenfeld

Die Frage nach der Einheit der deutschen Nation

GÜNTER OLZOG VERLAG MÜNCHEN – WIEN

ISBN 3-7892-9863-8

Umschlagentwurf: Konrad Wacker, München. Gesamtherstellung: Hieronymus Mühlberger, Augsburg.

Inhaltsverzeichnis

1. Symptome deutschlandpolitischer Sensibilität

Deutsche Nation

Die Diskussion um die Frage nach der deutschen Nation ist in der jüngsten Vergangenheit wieder lebendiger geworden. Nach dem Abklingen jener heftigen Kontroversen um den Grundlagenvertrag in der ersten Hälfte der 70er Jahre hat sie inzwischen neue Impulse erhalten, nicht durch spektakuläre politische Vereinbarungen, nicht durch neue Verträge oder konkrete Konferenzergebnisse, sondern durch eine relativ breite öffentliche Debatte. Wir beobachten vielfältige Symptome eines sensibleren Gespürs für die strategisch-politischen Implikationen der nationalen Frage in Deutschland: die kontroverse, lebhafte Resonanz, die Günter Gaus mit seinem Vorschlag fand[1], den Begriff der Nation in der deutschlandpolitischen Debatte nicht mehr zu verwenden; die erstaunten Reaktionen, als Honecker von der »Vereinigung beider deutscher Staaten« sprach[2]; die heftigen Debatten um den richtigen Zeitpunkt eines Treffens zwischen dem Bundeskanzler und dem Staatsratsvorsitzenden; die Auseinandersetzungen um den 17. Juni als Feiertag. In kurzen Wellenbewegungen unserer politischen Kultur bricht immer wieder die Frage nach Stellenwert und Rolle der Nation, des Nationalstaates auf und bewegt die Gemüter.

Das oftmals totgesagte politische Thema ›Nation‹ erweist sich durch die Jahrzehnte als unruhig aufflackernder Dauerbrenner, ohne daß es allerdings bisher jemals zu einem gewichtigen gesellschaftspolitischen Sprengsatz geworden wäre. Dahinter schwelen zweifellos Unsicherheiten im Blick auf die eigene Identität.[3] In diesem Zusammenhang ist oftmals vom Identitätsverlust, vom Identitätsdefizit oder gar von doppelter Identität oder unbekannter Identität die Rede. Die emotionalen Verwerfungen und die rationalen Kontroversen, die das Nationale nach wie vor auszulösen in der Lage ist, mag dies zumindest teilweise bestätigen. Ein scharfsinniger publizistischer Beobachter hat dieses Psychogramm sehr plastisch markiert: »Was in diesen Debatten als treibende Unruhe und schwärendes Unbehagen pocht, ist die Unsicherheit, ob die Begriffe, mit denen wir hantieren, in denen wir uns eingerichtet haben, noch irgendeiner Wirklichkeit entsprechen. Sie ist jedenfalls dieser Diskussionen bester Teil: ohne sie erlägen sie nur zu leicht der Gefahr, sich in Behauptungen und Thesen einzuspinnen, die nur noch von Sentiments und Ressentiments, Absichten und Affekten gedeckt sind. Dabei steht außer Zweifel: das Nationale im Deutschland des Jahres 1981 ist nichts mehr, was sich von selbst versteht. Das ist eine Binsenweisheit, längst zu der Klagemauer der politischen Bildung emporgewachsen, durch hundertundeine demoskopische Umfrage befestigt und durch die von Lehrern und Erwachsenen-Pädagogen zusammengetragenen Belege monströser Ahnungslosigkeit in bezug auf die deutsch-deutschen Angelegenheiten bedrückend illustriert. Aber dieser Befund kann doch nur Anlaß sein, sich darüber Rechenschaft zu geben, als was sich denn dann das Nationale verstehen läßt – aber auch darüber, was es nicht mehr bedeuten kann.«[4]

Probleme der Begriffsbestimmung

Dieses Nachfragen und dieses Suchen nach einer nüchternen Ortsbestimmung jenseits des rhetorischen Dunstschleiers nationaler Sonntagsreden und Lippenbekenntnisse bezieht sich auf eine deutschlandpolitische Situation, die gerade heute als äußerst kompliziert erscheint. Sie wird durch fünf Grundgegebenheiten gekennzeichnet:

1. Die gegenwärtige deutschlandpolitische Lage bezieht sich auf vertragliche Vereinbarungen, die durch die Vertragspartner unterschiedlich interpretiert und auch durch die im Bundestag vertretenen Parteien unterschiedlich bewertet werden.
2. Diese unterschiedlichen Beurteilungen tangieren nicht nur historische Ereignisse, sie lassen auch die jeweils aktuellen Vorgänge in unterschiedlichen Interpretationsrahmen sehen.
3. In diese deutschlandpolitische Beurteilung fließen aktuelle Vorkommnisse und politische Entwicklungen – wie die Äußerungen oppositioneller Kräfte in der DDR – ein, die nur schwer in ihrer ganzen Tragweite bereits auszuloten sind.
4. Die Gesamtübersicht wird zusätzlich erschwert durch historische Mythen, die die Diskussion immer noch durchziehen und zudem durch die unscharfen Konturen der deutschlandpolitischen Zukunftsperspektiven.
5. Die Deutsche Frage bleibt sensibel eingebettet in die Gesamtentwicklung der internationalen Politik. Gerade aber die krisenhaften Zuspitzungen der internationalen Lage durch die Ereignisse in Afghanistan, im Iran, in Polen lassen zweifelnde Fragen an die Kontinuität der internationalen Rahmenbedingungen für die Ost-West-Beziehungen und damit auch für die Deutsche Frage formulieren.

Perspektiven 80er Jahre

Für die 80er Jahre muß man wohl davon ausgehen, daß die Entwicklung der internationalen Rahmenbedingungen die Diskussion über die Deutsche Frage eher erschwert als erleichtert, eher verwirrt als zusätzliche Klarheit schafft. Die analytischen Irritationen in der westlichen Welt über die künftige Struktur des internationalen Systems sind unübersehbar.

Die Reaktion des Westens auf Afghanistan signalisierte sowohl die konzeptionelle Unsicherheit als auch den begrenzten gesellschaftlichen Konsens bezüglich der programmatischen Grundlagen westlicher Ostpolitik, d. h. vor allem bezüglich Begriff und Konzept der Entspannung.[5] Der Erfahrung, aus strukturellen Bedingtheiten der internationalen Politik ein elementares Interesse an Entspannung zu besitzen, steht gegenüber die Erfahrung, aus dem Wunsch nach Entspannung kaum noch präzise, handlungsanleitende und eindeutige Schlußfolgerungen ziehen zu können.

Die ersten westlichen Einlassungen nach Afghanistan zeigten wenig analytischen Tiefgang, hoben ab auf unscharfe sozialpsychologische Sachverhalte: Man war, wie man sagte, »schmerzlich enttäuscht«, »witterte Fehleinschätzungen«, konstatierte »zerbrochene Illusionen«. In der Folgezeit wurden divergierende Spekulationen und Überlegungen angestellt über:

- die mutmaßlichen Motive der Sowjetunion,
- eine angemessene Reaktion des Westens, insbesondere die denkbare Arbeitsteilung des Westens,
- das Wesen von Entspannung, etwa ob diese teilbar oder unteilbar sei, oder ob ein solcher Störfall die Substanz betreffe oder zügige Normalisierung schnell zu überwinden sei; es ist dabei strittig, ob Entspannung lediglich auf bestimmte Instrumente abhebt oder auf bestimmte Konfliktinhalte abzielt, ob sie Konfliktursachen beseitigen will oder nur eine spezifische Modalität des Konfliktaustrags bedeutet, ob sie der langfristigen Festigung des Status quo dient oder der Überwindung des Status quo, schließlich ob Entspannung nur auf Ost-West-Beziehungen abhebt und dabei Fragen der Nord-Süd-Beziehungen ausklammert oder nicht, ob Entspannungspolitik Destabilisierungen im Ostblock (wie in Polen) aktiv aufgreifen dürfe oder sie negieren müsse, in welchem Verhältnis Entspannung und Menschenrechtsbewegung stehen;
  es ist strittig, ob Entspannung, die auf Gegenseitigkeit beruht, ihre Geschäftsgrundlage verliert, wenn einer der Partner die Spielregeln verletzt.

Krisen der intern. Politik

Diese Denkfiguren und Argumentationsbilder wiederholen relativ stereotyp frühere Einlassungen, die in periodischen Abständen, namentlich nach internationalen Krisen, immer wieder zu registrieren sind. Nimmt man hinzu die neuerlich artikulierten Zweifel am Abschreckungskonzept der NATO und an den Sicherheitsgarantien der Amerikaner, die entwicklungspolitischen Divergenzen des Westens, die Unsicherheiten über die Zukunftsentwürfe der Europäischen Gemeinschaft, die sich in der wachsenden Zahl der Berichte über diese Zukunft niederschlagen – nimmt man dies alles zusammen, dann ist das Ausmaß der konzeptionellen Irritationen des Westens einigermaßen auszuloten. Man kann seit längerer Zeit von einer konzeptionellen Orientierungskrise des Westens in bezug auf die internationale Lage ausgehen.

Interessendivergenz USA – Europa

Afghanistan, Iran und Polen sind weitere markante Punkte eines langfristigen Trends der internationalen Politik, nämlich der nachlassenden Kalkulierbarkeit internationaler Sachverhalte. Dieser Trend hat viele weitere Ursachen:

- die wachsende Zahl international handlungsfähiger Subjekte,
- die Relativierung des militärischen Faktors,
- die wachsende wirtschaftliche und politische Bedeutung von internationalen Krisengebieten,
- das steigende Selbstbewußtsein der Rohstoffproduzenten,
- das Infragestellen von bisherigen Verhaltensselbstverständlichkeiten.

Afghanistan und Iran haben das alte Strukturproblem der Atlantischen Allianz aktualisiert, nämlich die partielle Interessendivergenz zwischen den USA und Europa. Dieses alte Strukturproblem führte ja bereits in der Adenauerschen Politik zu der bewegenden Stereotype vom »Alpdruck von Potsdam«, also der Furcht, die Amerikaner könnten sich mit den Sowjets über die Köpfe der Europäer und der Deutschen hinweg einigen, oder aber sie in eine Weltkrise verstricken. Die partielle Interessensdivergenz zwischen Europa und den USA ist inzwischen auch an zahlreichen aktuellen Einzelthemen festzumachen:

- der europäische Zweifel am Wert der amerikanischen Sicherheitsgarantien,
- die Divergenzen um die Produktion der Neutronenwaffen und der Stationierung der Mittelstreckenraketen,
- die Konflikte um das ›burden sharing‹,
- die europäischen Sorgen um Carters Menschenrechtspolitik,
- die handelspolitischen Rivalitäten, wechselseitige Klagen über restriktive Zollpraktiken,
- unterschiedliche Auffassungen zur Energiepolitik, insbesondere zur Nichtverbreitungsproblematik.

In der Addition dieser Einzelpunkte liegt mittelfristig die Möglichkeit einer tiefgreifenden Krise. Die Erfahrungen im europäisch-amerikanischen Verhältnis nach Afghanistan belegen erneut:

Die politischen Anliegen des Harmel-Berichts von 1967 sind in der NATO bis heute nicht realisiert.

Eine funktionsfähige Arbeitsteilung zwischen den USA und Europa kann es den einzelnen Partnern nicht erlauben, sich souverän den bequemeren Anteil auszusuchen. Sondern eine solche funktionsfähige Arbeitsteilung bedarf der ausdrücklich ausgehandelten Übereinkunft, die bisher allerdings nicht getroffen worden ist.

Solange der Westen keine feste politische Entscheidungsstruktur besitzt, ist das Dilemma der amerikanischen Führungsposition kaum auflösbar: Im Falle eines Vorpreschens der Amerikaner erfolgt aus Europa zurecht der Vorwurf des Alleinganges und der Arroganz der Macht. Versuchen die Amerikaner Europa abwartend und tastend in die Mitverantwortung einzubeziehen, erfolgt der Vorwurf der Führungsschwäche und mangelnder Entschlossenheit.

Langfristig liegt das zentrale Problem wahrscheinlich in der Möglichkeit einer weiterdriftenden Distanzierung der politischen Kulturen Amerikas und Europas. Ein entsprechender Einstellungswandel kündigt sich in Europa an, hat hier auch durchaus eine nicht unerhebliche geistige Tradition aus dem 19. und der ersten Hälfte des 20. Jahrhunderts. In den USA liegt das Problem wohl außerdem im Schwund der Kenntnisse über die Bedingungen, Möglichkeiten und Notwendigkeiten der europäischen, auch der deutschen Politik, gerade in der nachrückenden Generation politischer Funktionsträger.

Europäische Gemeinschaft

Die Erfahrungen um Afghanistan und Iran nähren zudem die Zweifel, ob die Europäische Gemeinschaft über ein ausreichendes außenpolitisches Krisenmanagement verfügt, ganz zu schweigen von einem mittel- und langfristigen Konzept zur internationalen Politik.

Zunächst muß man allerdings berücksichtigen, daß beide Krisen die Europäische Gemeinschaft in einer relativ labilen Phase trafen: finanzielle Probleme, die Perspektive der Erweiterung, die Frage der Weiterentwicklung des institutionellen Gefüges nach der Direktwahl. In dieser Phase innerer Unsicherheit hatte sich der spill-over in Sachen ›europäische Außenpolitik‹ bereits stillschweigend vollzogen, und zwar vor allem was den Erwartungshorizont der internationalen Umwelt angeht. Durchaus im Gegensatz zur Kuba-Krise 1962 oder zur Prager Invasion 1968, wo eigentlich niemand nach der Haltung der Europäischen Gemeinschaft fragte, erwartete die internationale Umwelt nun wie selbstverständlich eine zügige Reaktion der Gemeinschaft. Im Erwartungshorizont der internationalen Umwelt ist die Europäische Gemeinschaft längst über die herkömmliche Wirtschaftsgemeinschaft und über den Einsatz bloßer wirtschaftlicher Instrumente hinausgewachsen und in weltpolitische Mitverantwortung einbezogen worden.

Das Dilemma der europäischen Position besteht im Grunde darin, daß – bevor die Europäische Gemeinschaft ein vom Gemeinschaftsgeist getragenes, kalkulierbares und eindeutiges Profil in der Außenpolitik gewonnen hat – vorher von zwei Seiten an der europäischen Solidarität gezerrt wird; zum einen von einer verstärkten renationalisierten Position, die unter innenpolitischen Zugzwängen den Gesichtspunkt vermeintlicher eigener Interessen in den Vordergrund rückt; zum anderen von den bereits über die Grenzen Europas ausgewanderten Problemen, die in anderen Institutionen und Gesprächszirkeln verhandelt werden, wie Weltwährungsfragen, Rohstoffordnung, zivile Nuklearpolitik, etwa bei den Gipfeltreffen der Industrienationen, bei den Finanzministertreffen der Fünf, bei der Internationalen Energie-Agentur, bei den Londoner Treffen der führenden Nuklearlieferanten.

Internationale Entwicklung

Die internationale Entwicklung läßt dazu im weiteren zwei antinomisch angelegte Erfahrungen seitens der Europäischen Gemeinschaft erwarten: Einerseits läßt die Zuspitzung internationaler Probleme die Staaten der Europäischen Gemeinschaft nur im Zusammenschluß handlungsfähig bleiben. Andererseits lassen die differenzierteren und labileren Muster der internationalen Politik die Verlockungen zu Alleingängen einzelner Mitgliedsstaaten wachsen.

Nun zukunftsorientiert über verbesserte Verfahren des Krisenmanagements nachzudenken, ist das eine; sei es eine organisatorische Verquikkung von Europäischer Gemeinschaft (EG), Europäischer Politischer Zusammenarbeit (EPZ) und Nordatlantischer Allianz (NATO); sei es die klare Einbeziehung der sicherheitspolitischen Komponente in die europäischen Konsultationen; sei es ein Forcieren der 7er Konsultationen der westlichen Industrienationen; sei es ein höheres Maß an Kontinuität im europäisch-amerikanischen Dialog. Über die Chance eines profilierteren gemeinschaftlichen Konzepts des Westens nachzudenken, das dann in Krisenzeiten die Lageanalyse, die Definition der Interessen, die Entscheidung über die Maßnahmen erleichtert, ist das andere. Beides aber wird nur begrenzte Relevanz entwickeln, solange in Europa keine politische Kultur entsteht, die die internationale Mitverantwortung reflektiert, keine außenpolitische Öffentlichkeit, die der innenpolitischen Sogwirkung entgegensteuert und keine demokratische Infrastruktur einer europäisch legitimierten Außenpolitik. Gerade die Vernachlässigung der kulturellen Grundlagen zählt zweifellos zu den häufig übersehenen, dennoch äußerst wirksamen Ursachen für die Reduzierung internationaler Handlungsfähigkeit der Europäischen Gemeinschaft.

Vor diesem schillernden Hintergrund eines internationalen Szenariums, dessen Kalkulierbarkeit künftig wohl noch weiter nachlassen wird, und eng verknüpft mit dieser internationalen Entwicklung vollzieht sich jeder Versuch, gegenwärtig eine adäquate Antwort auf die Deutsche Frage geben zu wollen.

Aber trotz dieser komplexen Problemlage kann man heute davon ausgehen, daß sich aus den Auseinandersetzungen, Vertragsabschlüssen und Gerichtsentscheidungen der 70er Jahre ein, wenn auch eng begrenzter, neuer deutschlandpolitischer Grundkonsens der Parteien in der Bundesrepublik Deutschland herausgebildet hat.[7] Die Kontroversen zwischen den Parteien bewegen sich in der Regel in dem von dieser Grundposition abgesteckten Rahmen. Die wesentlichen Elemente dieser Grundposition bestehen in folgenden Aspekten: Festhalten an den vorhandenen Rechtspositionen; staatliche, aber nicht völkerrechtliche Anerkennung der DDR durch die Bundesrepublik Deutschland; Ausgestaltung eines Sonderverhältnisses zwischen Bundesrepublik Deutschland und DDR; Beendigung einer Behinderung der internationalen Anerkennung der DDR; Verwirklichung der im Grundgesetz niedergelegten Ziele; Bemühungen um menschliche Erleichterungen im geteilten Deutschland. Diese Elemente der Gemeinsamkeit sind fast unentwirrbar verquickt mit den Gegenständen der Meinungsdifferenzen, der unterschiedlichen Interpretationen und der gegensätzlichen Einschätzungen der Chancen, Risiken und Perspektiven.

deutschlandpolitischer Grundkonsens der Parteien

Angesichts dieser komplizierten, vielschichtigen Ausgangslage gilt es, die Gefahr sorgfältig zu vermeiden, einzelne Elemente der Deutschlandpolitik zu isolieren, sie aus ihrem Gesamtzusammenhang herauszureißen und damit auch in ihren Auswirkungen fehlerhaft einzuschätzen. Die folgenden Überlegungen der vorliegenden Untersuchung unternehmen den Versuch, die aktuellen politisch-strategischen Implikationen der nationalen Frage in Deutschland in ihrem Gesamtzusammenhang aufzuzeigen, zu deuten und in ihren Konsequenzen zu umreißen.

Die Untersuchung entwickelt daher folgenden Gedankengang:

Gliederung der Untersuchung

- Als Grunddisposition wird zunächst der Dissens zwischen beiden deutschen Staaten über die nationale Frage festgehalten. Er bietet den Rahmen für die deutschlandpolitische Bilanz. Die ergänzenden sozialwissenschaftlichen Szenarien leiten zur Formulierung der Grundannahmen dieser Arbeit über.
- Die vielfältigen Varianten des Nation-Begriffs lassen die Komplexität des Gegenstandes erfassen. Die wichtigsten Nation-Typen werden daher näher analysiert und in Verbindung zu den historischen Erfahrungen in Deutschland gebracht.
- Auf dieser Grundlage wird anschließend der empirische Befund zur Einstellung der Bundesbürger in bezug auf die nationale Frage er-

mittelt. Dieser Befund findet eine wichtige Ergänzung in der Skizze des Spannungsfeldes der Parteien, deren unterschiedliche Positionen zur nationalen Frage dargestellt werden.

- Eine zentrale Komponente der geistigen Auseinandersetzung ist in diesem Rahmen nach wie vor die angenommene Antinomie zwischen deutscher Nation und europäischer Integration. Ein historisches Beispiel, das diesen Kontext und die damit verbundene Gefahr historischer Mythenbildung nachhaltig belegt – nämlich der Notenwechsel des Jahres 1952 mit dem anschließend in der Öffentlichkeit erhobenen Vorwurf der verpaßten Chancen zur Wiedervereinigung –, wird dazu ausführlich untersucht.
- Gewissermaßen als zweite Seite der Medaille stellt sich die Frage nach der Position der DDR zur Einheit der Nation. Die Kursänderungen der DDR werden nachgezeichnet.
- Die jeweiligen Ergebnisse der einzelnen Kapitel finden ihre Verknüpfung in der Entfaltung der politisch-strategischen Konsequenzen; diese abschließenden Überlegungen sollen die Handlungsmaximen, die Möglichkeiten und Gefahren, die denkbaren und wahrscheinlichen Konfliktformationen auszuloten versuchen.

Für Hilfe, Anregungen und kritischen Rat zu diesem Buch danke ich meinen Mitarbeitern Manfred Franke, Astrid Heilmann, Lutz Leinert, Andreas Stockert und Helmut Schultz.

2. Deutschlandpolitische Bilanz

2.1 Die Grunddisposition

Dissens beider deutscher Staaten

Die Grunddisposition der nationalen Frage in Deutschland ist gekennzeichnet durch den, auch formal festgehaltenen Dissens der beiden deutschen Staaten über die deutsche Nation. Auf einem gemeinsam geschaffenen Rechtsfundament wird der nationale Dissens fixiert. Im 5. Absatz der Präambel des Grundlagenvertrages heißt es dazu: »Die Hohen Vertragschließenden Seiten ... ausgehend von den historischen Gegebenheiten und *unbeschadet der unterschiedlichen Auffassungen* der Bundesrepublik Deutschland und der Deutschen Demokratischen Republik *zu grundsätzlichen Fragen, darunter zur nationalen Frage*, ... sind wie folgt übereingekommen: ...«[1]

Urteil des Bundesverfassungsgerichts

Das Bundesverfassungsgericht ist in der Begründung des Urteils vom 31. Juli 1973 auf diesen Gesichtspunkt der unterschiedlichen Auffassungen zur nationalen Frage eingegangen. Dort heißt es: »Die vorstehende Begründung behandelt den Vertrag wie ein vom Bundesgesetzgeber erlassenes Gesetz, läßt also beiseite, daß es auch spezifische Grenzen für die Vertragsauslegung gibt. Ihnen ist Rechnung getragen durch die Überlegung, daß alle Ausführungen zur verfassungskonformen Auslegung des Vertrages sich zurückführen lassen auf den eines Grunddissens, den der Vertrag selbst in der Präambel offenlegt; die Vertragschließenden sind sich einig, daß sie über die ›nationale Frage‹ nicht einig sind. ... Es entspricht also in diesem Fall den besonderen Regeln über die Auslegung von Verträgen, wenn das Urteil aus diesem Dissens für die Auslegung des Vertrags alle Konsequenzen zieht, die die Bundesrepublik Deutschland als Vertragspartner nach dem Recht des Grundgesetzes für sich in Anspruch nehmen muß.«[2]

Das Bundesverfassungsgericht hat den Grunddissens in der nationalen Frage zum Kernpunkt seines Urteils gemacht und dabei die Auslegung des Vertrags an seine bisherige Grundgesetzauslegung gebunden. Die DDR kann jedoch, unbeschadet der Rechtsprechung des Bundesverfassungsgerichts, im Rahmen des im Vertrag formulierten Dissenses ihre eigene Position zum Tragen bringen und offensiv vertreten. Damit hat eine schon früher vorhandene Meinungsverschiedenheit zwischen beiden deutschen Staaten einen wichtigen gemeinsamen Bezugspunkt erhalten, der im Verfolg eines mit dem Grundlagenvertrag verbundenen politischen Programms durchaus auch von der DDR instrumentalisiert werden kann, etwa indem die DDR den gemeinsamen Rahmen

Grundlagenvertrag

mit ihrer Interpretation auszufüllen versucht. Die Bundesrepublik Deutschland kann sich einem solchen Konflikt, auch wenn sie es wollte, gar nicht entziehen, denn er bezieht sich auf eine vertragliche Vereinbarung zwischen beiden deutschen Staaten. Die Bundesrepublik, die bis dahin die unmißverständliche normative Bindung ihres Nation-Begriffs betonte, relativiert damit ihre Position, die sich zu einem Standpunkt unter mehreren reduziert und die den Konflikt als offen, im bloßen Streit der Meinungen gewissermaßen in der Schwebe befindlich angibt und es letztlich der offenen Konkurrenz überläßt, welches Konzept sich schließlich durchsetzt.

Maßnahmen der DDR

Die DDR hat nach dem Inkrafttreten des Grundlagenvertrages bei ihrem Versuch, ihre Position zu verbessern, vor allem zwei wesentliche Maßnahmen ergriffen:

- Am 7. Oktober 1974 wurde die Verfassung der DDR vom 9. April 1968 dahingehend geändert, daß die bisherige Bezugnahme auf die Wiedervereinigung und auf die deutsche Nation beseitigt wurde.[3] In der alten Verfassung war bereits in der Präambel von der Einheit der Nation ausgegangen worden; der erste Leitsatz lautete: »Getragen von der Verantwortung, der ganzen deutschen Nation den Weg in eine Zukunft des Friedens und des Sozialismus zu weisen ...«. In Artikel 1 der alten Verfassung war dann weiter die DDR als »sozialistischer Staat deutscher Nation« definiert. Die neue Präambel erwähnt demgegenüber den Begriff der deutschen Nation überhaupt nicht, und in dem neuen Artikel 1 wird die DDR nun als »sozialistischer Staat der Arbeiter und Bauern« beschrieben. Allerdings ist auch der Begriff ›sozialistische Nation‹ nicht verfassungsmäßig verankert worden. Dieser Begriff findet vielmehr Verwendung in den zahlreichen Kommentaren zur Verfassungsänderung.
- Der Freundschaftsvertrag zwischen der DDR und der Sowjetunion vom 7. Oktober 1975 bekräftigt die Position der DDR. In Artikel 6 heißt es: »Die Hohen Vertragschließenden Seiten betrachten die Unverletzlichkeit der Staatsgrenzen in Europa als wichtigste Voraussetzung für die Gewährleistung der europäischen Sicherheit und bringen die feste Entschlossenheit zum Ausdruck, gemeinsam und im Bündnis mit den anderen Teilnehmerstaaten des Warschauer Vertrages über Freundschaft, Zusammenarbeit und gegenseitigen Beistand vom 14. Mai 1955 und in Übereinstimmung mit ihnen die Unantastbarkeit der Grenzen der Teilnehmerstaaten des Vertrages, wie sie im Ergebnis des Zweiten Weltkrieges und der Nachkriegsentwicklung entstanden sind, einschließlich der Grenzen zwischen der DDR und der Bundesrepublik Deutschland zu gewährleisten. Beide

Seiten werden gemeinsame Anstrengungen unternehmen, um jeglichen Erscheinungen des Revanchismus und Militarismus entgegenzuwirken und eine strikte Haltung der mit dem Ziel der Festigung der europäischen Sicherheit abgeschlossenen Verträge anzustreben.«[4] Mit dieser Vertragsklausel versucht die DDR ihrer Interpretation auch durch internationale Vereinbarungen zusätzliches Gewicht zu verschaffen.

nationale Frage

Die Grundmarkierung der nationalen Frage ist also gekennzeichnet durch einen in internationale Verflechtungen eingebundenen, kodifizierten Dissens, der sich als ein elementarer Interpretationskonflikt erfahren läßt. Insofern bleibt das Nebeneinander der beiden deutschen Staaten, trotz vieler Elemente eines stabilen Status quo, in bezug auf das Problem der Nation weiterhin labil. Es enthält wesentliche Komponenten der Rivalität und des Wettbewerbs um die Ausfüllung und Überwindung des durch diesen Dissens begründeten Konflikts. Es bleibt damit offen zum Wandel.

2.2 Die großen Entwicklungslinien

Gerade vor dem Hintergrund dieser Grunddisposition erscheint es sinnvoll, den Blick zurück auf die großen historischen Entwicklungslinien der Deutschlandpolitik zu werfen.

historische Dimension der nationalen Frage

Die Deutsche Frage, die Spaltung Deutschlands war nicht das Ergebnis der Einigkeit der Siegermächte des Zweiten Weltkriegs über einen Teilungsplan, sondern das Ergebnis der Uneinigkeit über einen gemeinsamen, für alle verbindlichen Plan für die Wiederherstellung der deutschen Staatsgewalt. Die Teilung beginnt praktisch an dem Zeitpunkt, an dem die Siegermächte von den Teilungsplänen Abstand genommen haben.

Ausgangspunkt der Teilung Deutschlands ist
1. das Aufeinandertreffen zweier gegensätzlicher Ordnungssysteme in Deutschland,
2. der sowjetische Versuch, westlichen Einfluß auf die Ostzone abzuwehren, gleichzeitig aber eigenen Einfluß auf die Westzonen auszuüben,
3. die Nichteinhaltung von Vereinbarungen seitens der Sowjetunion, Nahrungsmittel zur Versorgung der Westzonen zu liefern und der drohende weitere Verfall der Westzone.

Die Antwort auf diese Ausgangslage ist die Konsolidierung der Westzonen, die Gründung der Bundesrepublik Deutschland, der Anschluß der Bundesrepublik an die westlichen Demokratien.

Wiedervereinigung

In fataler Weise hat man sich nun daran gewöhnt, die Deutsche Frage, Erfolge und Mißerfolge in der Deutschlandpolitik, zu reduzieren auf den Aspekt der Wiedervereinigung, auf das Kriterium gelungener oder nicht gelungener Überwindung der Teilung Deutschlands. Dabei stellt sich nicht nur dieses eine große Ziel, sondern eine Fülle weiterer Einzelziele in der Deutschlandpolitik: Als Minimalziel der Deutschlandpolitik muß man die Sicherung der eigenen Entscheidungsfreiheit der Bundesrepublik angeben. Auf der Skala der Ziele liegt dann das Maximalziel im progressiven Abbau der Teilung Europas.

Wie diese Vielzahl der Ziele, ihr Arrangement und ihre praktische Umsetzung nun in der konkreten Politik zu beobachten ist, möchte ich mit einer knappen Skizze der Adenauerschen Deutschlandpolitik, gewissermaßen beispielhaft an einem konkreten Fall, veranschaulichen:[5]

Deutschlandpolitik Adenauers

Auf der Grundlage, die Einheit in Freiheit wiederzuerlangen, bestanden die unmittelbaren und praktischen Aufgaben der Deutschlandpolitik Adenauers vor allem darin:

- die westlichen Alliierten auf das Ziel der Wiedervereinigung zu verpflichten,
- die Vier Mächte unter keinen Umständen aus ihrer Verantwortung für Deutschland als Ganzes zu entlassen,
- jegliche Sanktionierung des Status quo der Teilung zu verhindern,
- keine Lösung zuzulassen, die nicht letztlich die freie Zustimmung des deutschen Volkes fand.

Ziele also, die in den Pariser Verträgen ihren greifbaren Niederschlag gefunden haben.

Damit ist aber nur die eine, die primär nach außen gerichtete Linie der Ost- und Deutschlandpolitik skizziert. Konrad Adenauer verfolgte daneben aber noch eine zweite Linie, die diese erste Linie ergänzte und weniger beachtet worden ist. Für Adenauer wuchs in den fünfziger Jahren die Gefahr eines Arrangements der Weltmächte auf Kosten Deutschlands, eine Vorstellung, die er selbst als »Alpdruck von Potsdam« bezeichnete. Er schrieb dazu nieder:

Alpdruck von Potsdam

»Die Gefahr einer gemeinsamen Politik der Großmächte zu Lasten Deutschlands bestand seit 1945 und hatte auch nach der Gründung der Bundesrepublik weiterbestanden. Die Außenpolitik der Bundesrepublik war von Anfang an darauf gerichtet, aus dieser Gefahrenzone herauszukommen.«[6]

Ausgangspunkt der besonderen Virulenz dieser Vorstellung war der grundlegende Wandel der weltpolitischen Konstellation. Etwa seit 1955 zeichnete sich ein atomares Patt zwischen den Supermächten ab. Für Amerika tauchte damit zum ersten Mal in seiner Geschichte die Möglichkeit einer Kriegsbedrohung im eigenen Lande auf, und zwar die Möglichkeit der totalen Vernichtung durch Atomwaffen. Dies mußte bei den Amerikanern den Wunsch wachsen lassen, zu Übereinkünften mit den Sowjets zu gelangen, und sei es auf Kosten deutscher Interessen. Erste Anzeichen einer derartigen Entwicklung brachte die Genfer Gipfelkonferenz vom Juli 1955.[7] Besonders deutlich wurde der Schwund an Solidarität der westlichen Alliierten gegenüber Deutschland in der Zeit nach dem sowjetischen Berlin-Ultimatum vom 27. November 1958.[8] Damals waren die angelsächsischen Mächte durchaus bereit, ihre Berlin-Position aufzugeben. Adenauer notierte sich in jenen Tagen zur Haltung Londons und Washingtons: »Der Gesamteindruck, den ich hatte, war deprimierend.«[9]

Dies alles bewegte Adenauer dazu, neben der Politik der westlichen Solidarität mit Deutschland, die er eigentlich wünschte und auch weiterhin nach Kräften förderte, die Alternative eines west-östlichen Zusammenwirkens auf der Ebene der Weltmächte mit einzukalkulieren. Auf dieser zweiten Linie mußte die Bundesrepublik selbst verstärkt aktiv werden, Initiativen einbringen, den direkten Kontakt zu Moskau suchen und pflegen.

Gespräche mit Moskau

Adenauers Bestreben, mit Moskau in einem direkten Gespräch zu bleiben, kennzeichnen viele seiner Einlassungen in jenen Jahren. Als beispielsweise in der Sitzung des Außenpolitischen Ausschusses des Bundesrates Bremens Bürgermeister Kaisen am 3. Dez. 1954 die Ansicht äußerte, daß die Zeit für Deutschland arbeite, entgegnete Adenauer, man müsse nunmehr schnell den alten Abschnitt der Nachkriegsentwicklung beenden, um zu Verhandlungen mit Rußland zu kommen. Von dieser Entgegnung ist der Bogen zu schlagen bis zur Tagebuchaufzeichnung Heinrich Krones vom 7. Dezember 1961: »Drei Stunden beim Kanzler. Ein Gespräch über Vieles. Er gibt mir die Niederschrift über sein Gespräch mit Smirnow. Für den Rest seines Lebens halte er es für das Wichtigste, das er noch tun wolle, unser Verhältnis zu Rußland in eine erträgliche Ordnung zu bringen.«[10]

Revision der Deutschlandpolitik

Die Veränderung des weltpolitischen Szenariums führte Mitte der fünfziger Jahre zu einer wichtigen Revision der Deutschlandpolitik Adenauers.[11] Denn in dem Maße, in dem den westlichen Alliierten an einem Arrangement mit der Sowjetunion möglicherweise ebenso viel oder gar mehr gelegen war als an einer positiven Lösung der Deutschen Frage, war es besser, wenn diese nicht mehr auf die Tagesordnung von

Ost-West-Konferenzen kam, weil das die Möglichkeit erleichtert hätte, Vereinbarungen auf Deutschlands Kosten zu treffen. Daher begann seit 1956 Adenauer selbst dafür einzutreten, daß auf Ost-West-Konferenzen die Abrüstung die primäre Frage sein müsse und daß sich dann auf dieser Basis die Deutschlandfrage leichter lösen lasse. Dies war und ist für denjenigen, der die Hintergründe nicht kennt, eine kaum verständliche Position. Es kann nicht überraschen, daß sich von daher der Eindruck festsetzte, Adenauer wünsche eigentlich gar nicht die Wiedervereinigung. Selbst sein vertrauter Gesprächspartner John Foster Dulles stellte damals gegenüber seinen Mitarbeitern irritiert und befremdet fest: »Ich scheine viel entschiedener für die Wiedervereinigung einzutreten als er.«[12] In Wirklichkeit tat Adenauer das, was unter den damals gegebenen Umständen für die Wiedervereinigung zu tun war, nämlich zu versuchen, ein Arrangement der Weltmächte auf Kosten Deutschlands zu verhindern, ein Arrangement, das eine Wiedervereinigung und ein Mehr an Freiheit in Deutschland wohl endgültig ausgeschlossen hätte.

Intensivierung der Gespräche

Vor diesem Hintergrund wird auch deutlich, wieso Adenauer von der zweiten Hälfte der fünfziger Jahre an intensiver das direkte Gespräch mit Moskau suchte. Adenauers Denken und Handeln war hierbei sehr variantenreich, vielfältig nach neuen Ansätzen suchend, gedanklich experimentierend, engagiert um Fortschritte ringend. Damals notierte Heinrich Krone mit dürren Worten in sein Tagebuch: »In Gesprächen mit dem Kanzler oft die Frage nach der deutschen Politik zum Osten hin erörtert. Unsere Gespräche gehen um neue Wege.«[13]

Aus der Vielfalt der damaligen Überlegungen will ich zwei spektakuläre besonders erwähnen: die Vorschläge einer Österreich-Lösung und die eines Burgfriedens in der Deutschen Frage.[14] Am 19. März 1958 fragte Adenauer den sowjetischen Botschafter in Bonn, Smirnow, ganz direkt,[15] ob die Sowjetunion bereit sei, der DDR einen Status zu geben, wie ihn Österreich habe; Österreich hätte zwar bestimmte Neutralitätsverpflichtungen übernehmen müssen, besitze aber die Möglichkeit, sein Leben im Innern selbst zu gestalten. In gleicher Weise könnte man vereinbaren, daß die DDR zwar keinesfalls den Anschluß an die Bundesrepublik vollziehen, daß aber die Bevölkerung ihre inneren Angelegenheiten in freier Selbstbestimmung gestalten dürfe. Er notierte sich damals: »Wir mußten realistisch unsere Möglichkeiten abschätzen und uns dessen bewußt bleiben, daß das Wichtigste eine Erleichterung des Loses der Menschen in der Zone war.«[16]

Dies geschah im März und April des Jahres 1958 – also zwei Jahre bevor ein solch phantasievoller Denker wie Karl Jaspers diese Idee in die öffentliche Diskussion brachte. Neben dieser Vorstellung ventilierte Adenauer von 1958 bis 1963 in verschiedenen Varianten den Grundgedanken eines Stillhalteabkommens. Als präziseste Formulierung existiert davon der sogenannte Globke-Plan in den beiden Fassungen vom Januar 1959 und November 1960. Er beinhaltete im wesentlichen folgende Punkte:[17]

Globke-Plan

- Beide deutsche Staaten erkennen sich gleichberechtigt als souverän an.
- Der Verkehr zwischen den beiden Staaten ist von jeder Beschränkung frei.
- Nach 5 Jahren findet eine Volksabstimmung zur Wiedervereinigungsfrage statt. (Es wurde aber auch an größere Zeiträume gedacht.)

Neben seinem unmittelbaren taktischen Wert sah Adenauer in diesem Vorschlag zwei weitere Vorteile:

- Ein ungehinderter Personenverkehr zwischen Ost und West mußte unweigerlich positive Konsequenzen in der DDR zeigen.
- Mit der Garantie der Sowjets, für eine bestimmte Zeit keine weiteren einseitigen Maßnahmen zu treffen, wäre eine optimale Voraussetzung für aussichtsreiche Ost-West-Verhandlungen gelegt.

Adenauer dachte aber auch daran, daß die Sowjetunion einerseits die Statusaufwertung, die mit der Anerkennung der DDR zwangsläufig verbunden sein würde, begrüßen mußte; andererseits rechnete er mittelfristig mit einer gewissen Konzessionsbereitschaft Moskaus – wegen seiner schwierigen Position in bezug auf Peking und aus innenpolitischen und wirtschaftlichen Gründen. Unverzichtbares Element dieses Vorschlags aber blieb, daß das letzte Wort die betroffene Bevölkerung in freier Entscheidung haben müsse. Denn für Adenauer waren freie Wahlen und damit der Rückbezug auf die Volkssouveränität nicht ein auswechselbares Instrument nationaler Politik, nicht ein Element im Katalog denkbarer Kompromisse bei internationalen Verhandlungen. Die Garantie freier Wahlen bildete vielmehr die bestimmende Grundlage für jede langfristig akzeptable Lösung der Deutschlandfrage. Einige Kriterien und Maximen der Adenauerschen Deutschlandpolitik sind von allgemeiner Bedeutung, ja sie erscheinen heute besonders aktuell, nämlich

Kriterien der Deutschlandpolitik Adenauers

1. Adenauer vermied sorgfältig alle innenpolitischen Erfolgszwänge. Denn innenpolitische Erfolgszwänge bedeuten unabweisbar die Reduzierung der eigenen außenpolitischen Handlungsfähigkeit.
2. Ein unverrückbarer Grundsatz der Adenauerschen Politik blieb,

Konzessionen nur Zug um Zug gegen Gegenkonzessionen zu machen.

3. Adenauer ließ sich auf willkürlich interpretierbare Formeln ebensowenig ein wie auf bloße unverbindliche Absichtserklärungen.
4. Der Westen mußte – in Adenauers Sicht – sein Selbstverständnis, seine unverzichtbaren Prinzipien und Positionen deutlich artikulieren, wenn er in der Auseinandersetzung gegensätzlicher Ordnungssysteme überleben wollte. Insofern ging es in der Ostpolitik nicht um die wechselseitige Bestätigung freundlicher Gutwilligkeit und auch nicht um die Vernebelung eines tiefgreifenden Konflikts; vielmehr ging und geht es darum, Konflikte zwischen Ost und West rational zu disziplinieren.

Diese Gesichtspunkte machen die differenzierten Aufgaben der Deutschlandpolitik deutlich; sie bleiben aktuell, auch wenn wir in der Ost- und Deutschlandpolitik wichtige, neue Akzentsetzungen beobachten, vor allem die zunehmende Betonung, das zunehmende Gewicht der multilateralen Ebene.

Multilaterale Gespräche

Ost- und Deutschlandpolitik vollzieht sich nicht mehr vornehmlich in zweiseitigen Absprachen zwischen Moskau und Bonn, zwischen Bonn und Warschau, zwischen Prag und Bonn, zwischen Bonn und Ostberlin, zwischen Ostberlin und Moskau, sondern diese Ebene wird zunehmend überlagert durch multilaterale Gespräche bei der KSZE, bei MBFR, in der UNO, in den Verhandlungen zwischen EG und Comecon, wo überall auch Deutschlandpolitik betrieben wird! Wir erleben damit eine zusätzliche Akzentsetzung, die die europäische Komponente der Deutschen Frage noch nachdrücklicher in den Vordergrund rückt; denn überall dort ist wirksames Eingreifen nur über eine geschlossene Haltung der Europäischen Gemeinschaft möglich.

Regierungswechsel 1969

Entscheidender deutschlandpolitischer Einschnitt nach Beendigung der Ära Adenauer war der Übergang zum Zwei-Staaten-Konzept in der Bundesrepublik nach 1969; ein Übergang, der politisch mit hochgeschraubten Erwartungen und großen Hoffnungen vollzogen wurde und zu den bekannten Vertragsergebnissen führte.

Es erscheint sinnvoll, zunächst die grundsatzpolitischen Elemente dieses Übergangs einmal festzuhalten:

– Die Integration in die solidarische Gemeinschaft der Demokratien besaß in der Politik Konrad Adenauers hohe Priorität. Dies bedingte eine kritisch abwartende Distanz gegenüber allen Konzepten, die jener Integration die Dynamik hätten nehmen können, wie etwa der Gedanke eines gesamteuropäischen Sicherheitssystems. Nach der Konsolidierung der Bundesrepublik vermied er vorsichtig spektakuläre Aktionen, die eine Festigung der westlichen Gemeinschaft hätten gefährden können. In der Politik Willy Brandts besaßen diese Aspekte einen unterschiedlichen Stellenwert. Die Politik der Westintegration wird aus ihrer überaus starken Betonung zurückgenommen; es werden vor allem wirtschaftliche und sicherheitspolitische Elemente gewürdigt. Die Perspektive politischer Vollendung der Gemeinschaft erscheint zeitlich weit verschoben. Die Bereitschaft zur Unterstützung von Konzepten gesamteuropäischer Konfliktregelung ist ebenso ausgeprägt wie die geringe Scheu vor ostentativen bilateralen Maßnahmen.

neue Akzente in der Deutschlandpolitik

- In engem Zusammenhang damit stehen zwei neue Akzentuierungen, die Willy Brandt in seine Politik eingeführt hat:
  a) Europa wächst, nach seiner Auffassung, als Ganzes zusammen. Dieser Prozeß zu einer europäischen Friedensordnung darf nicht am deutschen Interesse scheitern. Dazu ist es nicht unbedingt notwendig, offiziell von bisherigen Essentials der Politik Abstand zu nehmen. Vielmehr kann beobachtet werden, daß bestimmte Leitbegriffe in den Dokumenten nicht mehr auftauchen. Auch die jüngsten Kontroversen über den Begriff der ›Deutschen Frage‹ und den Begriff der ›Wiedervereinigung‹ belegen dies in symptomatischer Form. In diesem Wandel der Sprache vollzieht sich der Wandel der Politik.
  b) Elemente, die früher als Modalitäten politischen Handelns gekennzeichnet wurden, wie z. B. Entspannung, werden nunmehr zu Zielen erklärt.
- Die Einschätzung sowjetischer Außenpolitik hat sich nicht dem Wandel entzogen. Adenauer sah die Aktivitäten Moskaus als zähe, langfristig angelegte, mit großem Geschick vollzogene Politik, die hart und nüchtern auf Einflußgewinn bzw. Positionsverbesserung gerichtet ist. Hegemonial- und Penetrationspolitik bildeten die spezifische Akzentuierung seines Verständnisses von sowjetischer Westpolitik. Willy Brandts Sicht konzentriert sich mehr auf Elemente der Saturiertheit; er erkennt stärker die am Status quo orientierte Weltmacht, die auf Grund der weltpolitischen Wandlungen größere Kooperationsbereitschaft entwickeln muß.

2.3 Entwicklungen und Konflikte nach dem Grundlagenvertrag

Grundlagenvertrag

In diesem Zusammenhang müssen zweifellos der Grundlagenvertrag und die anschließend unterzeichneten Vereinbarungen im Blick auf die Beziehungen zwischen der Bundesrepublik Deutschland und der DDR als eine wichtige Zäsur angesehen werden. Diese Vereinbarungen bringen etliche Felder der sozialen und politischen Beziehungen in Rechtsform; sie kodifizieren den Modus vivendi, stabilisieren ihn einerseits und schaffen neue Konfliktmaterien andererseits.
Nach Inkrafttreten des Grundlagenvertrages sind eine Reihe von Vereinbarungen unterzeichnet worden, die Regelungen in konkreten Teilbereichen beinhalten: so z. B. zur Schadensbekämpfung an der Grenze, zu bestimmten Grenzfragen, zum Austausch von Journalisten, zum Ausbau der Verkehrswege nach Berlin, zum Post- und Fernmeldewesen, zum Abbau des grenzüberschreitenden Braunkohlenvorkommens. In wichtigen Bereichen ist dagegen bisher noch keine Einigung erzielt worden. Dies gilt insbesondere für den geplanten Abschluß eines
- Rechtshilfeabkommens,
- Kulturabkommens,
- Abkommens zur wissenschaftlich-technischen Zusammenarbeit,
- Abkommens über Umweltschutz.

Die bisher erwähnten Vereinbarungen zeitigten inzwischen in verschiedenen Bereichen absehbare Konsequenzen.[18] So sind die Erleichterungen in der Familienzusammenführung ebenso zu erwähnen wie der gesteigerte Reiseverkehr, wenn auch vornehmlich in west-östlicher Richtung vollzogen und durch manch eine schikanöse Behinderung erschwert.

Reaktionen der DDR

Zu erwähnen ist in diesem Zusammenhang aber auch die inzwischen erfolgte drastische Einschränkung der Arbeitsmöglichkeiten westlicher Journalisten, ebenso das »Dritte Strafrechtsänderungsgesetz« der DDR, das am 1. 8. 1979 in Kraft trat und verschärfte Strafbestimmungen gegen Regimekritiker bereitstellt. Zu verweisen ist auch auf die Erhöhung des Mindestumtauschs durch die DDR im Oktober 1980, wodurch der Besuchsverkehr zweifellos erheblich behindert wird. Wie hoch auch der humanitäre Wert von Familienzusammenführung, innerdeutschem Austausch und Kontakten zwischen den Menschen aus beiden deutschen Staaten veranschlagt wird, die spezifisch politische Deutsche Frage hat damit nicht ihre langfristige Brisanz verloren. Darüber hinaus bleibt zu beachten, daß mit dem Ausbau der rechtlichen Regelungen im innerdeutschen Verhältnis die Beziehungen zwischen beiden deutschen Staaten nicht einfach nur rechtlich stabilisiert worden

Konflikte um die Deutsche Frage

sind; sie haben vielmehr auch zusätzliche Materien und Bezugspunkte für Konflikte erhalten und aktualisiert. Diese Konfliktmaterien umfassen vor allem folgende Probleme:

1. die Interpretation einzelner Elemente der Verträge (Beispiel: die im Grunde antinomische Regelung im Viermächte-Abkommen über Berlin v. 3. 9. 1971, II., B: »Die Regierungen der Französischen Republik, des Vereinigten Königreichs und der Vereinigten Staaten von Amerika erklärten, daß die Bindungen zwischen den Westsektoren Berlins und der Bundesrepublik Deutschland aufrechterhalten und entwickelt werden, wobei sie berücksichtigen, daß diese Sektoren so wie bisher kein Bestandteil (konstitutiver Teil) der Bundesrepublik Deutschland sind und auch weiterhin nicht von ihr regiert werden.«)
2. die Absichtserklärungen der Verträge (Beispiel: Art. 1, 2 und 7 des Grundlagenvertrages)
3. die deutsche Staatsbürgerschaft[19]
4. die Einbeziehung West-Berlins in vertragliche Vereinbarungen
5. einzelne Verstöße der DDR gegen die vertraglichen Vereinbarungen,[20] z. B. Behinderungen des Transitverkehrs, Zurückweisung einzelner Politiker an der Grenze zur DDR, Ausweisung von Journalisten, Direktwahl der Ost-Berliner Abgeordneten in die Volkskammer der DDR.

Diese einzelnen, konkreten Konflikte aktualisieren, ergänzen, vertiefen und konkretisieren den oben angeführten Grundkonflikt zur nationalen Frage. Insofern ist es wichtig, die einzelnen, unterschiedlich thematisierten Tagesereignisse der Deutschlandpolitik in ihrem grundsätzlichen Zusammenhang zu sehen.

Um diese Interdependenz einzelner Faktoren geht es auch in zahlreichen wissenschaftlichen Beiträgen zur Deutschen Frage. Seitdem sich die Deutsche Frage an dem Schnittpunkt gegensätzlicher Ordnungen stellt, bildet sie nicht nur einen besonders neuralgischen Punkt der internationalen und nationalen Politik, sondern auch den Impuls und die Bezugsebene für sozialwissenschaftliche Konzeptualisierungen und Kontroversen. Zahlreiche Autoren haben in wissenschaftlicher Distanz von der tagespolitischen Hektik die großen Entwicklungslinien und Alternativen herauszuarbeiten versucht, die in manchen taktisch orientierten Kontroversen um Einzelfragen oft übersehen werden. Insofern erscheint es sinnvoll, zunächst einmal die wichtigsten Szenarien aus der sozialwissenschaftlichen Diskussion der letzten Jahre um die Deutsche Frage Revue passieren zu lassen, um aus dem dort beobachtbaren Teil-Konsens die Prämissen plausibel machen zu können.[21]

2.4 Sozialwissenschaftliche Szenarien

Im folgenden sollen einige sozialwissenschaftliche Entwürfe zur Deutschlandpolitik referiert werden, die die heute relevanten Grundlagen der Deutschen Frage besonders gut verdeutlichen:[22]

Widersprüchlichkeiten

1. Hans-Peter Schwarz stellt die Überlegung an,[23] ob die Deutsche Frage weiter auf dem Tisch bleibt oder ob die Doktrin der Einheit der Nation nurmehr die Endphase eines schon längst verlorenen Rückzugsgefechts markiert. Dazu entwickelt er sechs Thesen:
   »1. These: Die Westdeutschen haben von den Gründungstagen der Bundesrepublik Deutschland an geschwankt, ob sie westdeutsche oder gesamtdeutsche Politik betreiben sollten. Sie haben zwar schließlich westdeutsche Politik gemacht, aber mit schlechtem gesamtdeutschem Gewissen; das – vielleicht unvermeidliche – Resultat war aber eben Unklarheit und eine selbst für den Bereich der Politik bemerkenswerte Hervorbringung undurchdachter widersprüchlicher Phraseologie. ...
   2. These: Auch die Doktrin von der Einheit der Nation (man sollte sie besser Brandt-Doktrin nennen) ist nur eine neue Formel, die die alten Unklarheiten in der nationalen Frage fortsetzen hilft. ...
   3. These: Wie die bisherige muß auch die künftige Deutschlandpolitik in erster Linie darauf abzielen, die nationale Frage offenzuhalten – dies aus einer Vielzahl rechtlicher, außenpolitischer, aber auch innenpolitischer Gründe. ...
   4. These: Auch wenn die Möglichkeit nicht ausgeschlossen werden sollte, ist die Restauration eines Deutschen Reiches kein realistisches Ziel nationaler Politik mehr. ...
   5. These: Die Einheit der deutschen Nation kann nicht mehr als Wert an sich verstanden werden. Sie hat vorwiegend funktionale Bedeutung zur Durchsetzung liberaler, demokratischer und humanitärer Werte in der DDR. ...
   6. These: Der Alleinvertretungsanspruch der Bundesrepublik Deutschland ist preisgegeben; es bleibt aber die Alleinverantwortung für die Deutschen in der DDR. Bundesregierung und Öffentlichkeit in der Bundesrepublik haben weiterhin die Pflicht, auf die Verwirklichung der Grundrechte in der DDR hinzuwirken und mehr Freizügigkeit in Deutschland durchzusetzen.«
2. Peter Christian Ludz warnt davor, die Deutsche Frage im Austausch von Behauptungen über Rechtspositionen verkümmern zu lassen.[24] Er verweist auf die wechselseitige Lernfähigkeit, auf die Notwendigkeit der Innovation, auf die Zusammenarbeit unter Wettbewerbs-

zwang und fragt schließlich ›Wieviel Konflikt und wieviel Kooperation können sich die beiden deutschen Staaten leisten‹?[25]:

Verhältnis beider deutscher Staaten

»Die divergierenden politischen Standpunkte, die aus relativ sicheren politischen Positionen heraus dennoch offen und auf verschiedenen Ebenen vorgetragen werden, lassen das ganze Spektrum der Differenzen, des Dissens, aber auch der strukturellen Ähnlichkeiten in den Konfliktlagen beider deutscher Staaten erkennen. Sie ermöglichen dem Kontrahenten jedoch auch stillschweigende Revisionen seiner Auffassungen, ohne sein Gesicht zu verlieren; sie ermöglichen ein gegenseitiges Lernen und Begreifen, das in Zeiten raschen Wandels und dem Zwang zur Innovation durchaus auch neue Verständnislagen, ja neue Partnerschaften erzeugen kann. Eine solche Balance aus tatsächlich gegebenen strukturellen Ähnlichkeiten, aus Eigenständigkeit und aus dem ebenfalls vorhandenen Kommunikationspotential besteht heute zwischen Bundesrepublik und DDR. Diese Balance in Rechtsbehauptungen gleichsam festmachen zu wollen, ist innen- ebenso wie außenpolitisch für die Bundesrepublik problematisch. Von daher gesehen bietet sich eher eine andere Perspektive an: Wenn die sterilen Stereotype und die irrealen Ansprüche zerbrechen, wenn solide Informationen zur Verfügung gestellt werden und wenn die Auseinandersetzungen konkret beginnen, wachsen die Möglichkeit und meist auch der Wille zu weiterer Kommunikation.

Eine solche Perspektive könnte die politische Entfremdung in Deutschland erträglicher machen; sie könnte jedenfalls den Weg in den politischen Irredentismus wie in den Neutralismus verbauen. Für die Bundesregierung könnte eine von dieser Perspektive lebende politische Philosophie die im Grundlagenvertrag nicht eindeutig geklärten Punkte konzeptionell abstützen. Dies gilt vor allem für die in diesem Vertrag nicht behandelte nationale Frage sowie für die Tatsache der völkerrechtlichen Nichtanerkennung der DDR durch die Bundesrepublik – bei gleichzeitigem Abschluß eines völkerrechtlich wirksamen Vertrages mit der DDR. Diese Unklarheiten des deutschlandpolitischen Konzepts der Bundesregierung, die sich im Grundlagenvertrag offenbaren, könnten gleichsam ins Positive gewendet werden: Seit dem Grundlagenvertrag sind ständige Aktivitäten im Sinne einer verstärkten Kommunikation in der Deutschlandpolitik für die Bundesrepublik unumgänglich. Der Grundlagenvertrag gebietet der Bundesrepublik die aktive Auseinandersetzung mit der DDR in einem weitverstandenen Sinne: Mit diesem Instrument können Kommunikation und Kooperation, Austausch von Si-

Unklarheiten im deutschlandpolitischen Konzept

gnalen und Indices, kann eine ganze Palette nuancierter politischer Verhaltensweisen in die Tat umgesetzt werden. Dadurch kann jenseits der Ebene von Rechtsbehauptungen, die nur eine Seite binden und die zudem innenpolitischen Zündstoff in der Bundesrepublik anhäufen, eine neue politische Wirklichkeit geschaffen werden.«

Prognose für 1980

3. Theo Sommer stellt im Rahmen einer Team-Prognose für das 198. Jahrzehnt die Frage, worauf man in Zukunft in der Deutschlandpolitik gefaßt sein müsse und wozu man bereit sein solle:[26]
»Niemand, der sich noch ein Quentchen deutsches Zusammengehörigkeitsgefühl bewahrt hat, wird der Möglichkeit einer Wiedervereinigung oder Neuvereinigung der beiden nach dem Kriege entstandenen Staaten für alle Zeiten abschwören wollen. Wenn diese Vereinigung käme, in einer Form, die der Mehrheit des Volkes annehmbar und zugleich seinen Nachbarn im Osten und Westen zumutbar erschiene, würde sie selbst nach jahrzehntelanger Spaltung noch als das natürliche Schicksal der deutschen Nation empfunden – und empfunden werden dürfen. Ein Dreivierteljahrhundert Einheitsstaat hat unser Bewußtsein tiefer geprägt als die vorangegangenen tausend Jahre Partikularismus; man soll sich da nichts vormachen und auch nichts vormachen lassen.
Niemand freilich, der sich einen klaren Sinn für das realpolitisch Mögliche bewahrt hat, wird die Wahrscheinlichkeit einer Wiedervereinigung in überschaubarer Zukunft sehr hoch veranschlagen. Es fruchtet nichts, die Illusionen der fünfziger Jahre nun in die siebziger zu verpflanzen. Die Wunder, die damals ausgeblieben sind, werden auch jetzt nicht eintreten. Die Wiedervereinigung wird auch im besten Falle eine Sache von Jahrzehnten sein, nicht von Jahren. Und auch da darf man sich nichts vormachen oder vormachen lassen: So schön sie wäre, so natürlich wir sie empfinden mögen, im letzten Grunde ist sie doch verzichtbar, ist sie abdingbar.

Wiedervereinigung

Der deutsche Zentralstaat ist nicht das einzige Gefäß, in dem sich deutsches Schicksal erträglich vollziehen kann; die Geschichte stellt eine Fülle anderer Modelle bereit. Wie in der Weltpolitik des nuklearen Zeitalters der Friede notwendiger und wichtiger ist als die Gerechtigkeit, so ist im Innenverhältnis der Deutschen die Entspannung notwendiger und wichtiger als die Wiedervereinigung. *Einheit* der Deutschen ist nicht gleichbedeutend mit *Einheitsstaat* der Deutschen. Es gibt andere Formen des Zusammenlebens und Zusammenwirkens.
Sie zu definieren und für die praktische Politik parat zu halten, wird in den nächsten Jahren die vordringlichste Aufgabe der Bonner Poli-

tik sein. Diese Politik muß ungeniert davon ausgehen, daß die Wiedervereinigung fürs erste bestimmt nicht und möglicherweise überhaupt nie mehr stattfindet, daß aber die Beendigung des innerdeutschen Kalten Krieges möglich sein sollte. Auf absehbare Zeit bedeutet Deutschlandpolitik also Politik der Nichtwiedervereinigung. Das heißt: die Überwindung der Gegensätze hat Vorrang vor der Überwindung der Teilung, die Wiederverbindung beider Volksteile vor dem Wiederzusammenfügen ihrer Gebiete, der Wandel im Menschlichen vor Veränderungen im Politischen. Ziel einer rationalen Bonner Politik, so habe ich früher einmal formuliert, müßte es sein, die Wiedervereinigung herbeizuführen – oder Zustände zu schaffen, die ihr Ausbleiben erträglich machen beziehungsweise sie ganz überflüssig werden lassen. Zu Beginn der siebziger Jahre ist dem hinzuzufügen: Da die Wiedervereinigung, wie die Dinge liegen, nicht »herbeizuführen« ist, können wir uns der Pflicht zur Alternativpolitik nicht länger entziehen. Wo die Teilung schon nicht überwindbar ist, muß sie wenigstens verwindbar werden.«

4. Waldemar Besson wollte die Konsequenzen aus der deutschen Spaltung ziehen und plädierte für eine eindeutige Entscheidung im Streit der Traditionen deutscher Außenpolitik. Die Bundesrepublik müsse sich vom Teilstaat zum Staat entwickeln:[27]

»Die Vision der Weltmacht Europa taucht auf, ein elementarer machtpolitischer Wille verlange einen Giganten unter den Giganten, ohne den man nicht existieren könne, weder wirtschaftlich noch militärisch. Die amerikanische Herausforderung ist eine Lieblingsidee dieser These. Die Vertreter solchen Denkens sind sogar bereit, den deutschen Nationalstaat zum alten Eisen zu werfen, denn sie wissen natürlich, daß nur ein europäischer Bundesstaat jene Größenordnung schüfe, in der heute Großmächte konstituiert werden. Ein europäischer Anspruch soll deshalb an die Stelle des deutschen treten.

amerikanische Herausforderung

Wer diese Flucht nach vorn antritt, glaubt ebenfalls nicht an den mittleren Staat, der seine Integrität bewahrt, indem er mit anderen kooperiert, der sich behauptet, ohne es doch aus eigener Kraft allein zu können. Denn alle drei Versuchungen haben eines gemeinsam, sie drängen weg von dem, was ist, weil sie einen prinzipiell anderen Status als den gegenwärtigen für das eigene Land erstreben. Ich zögere deshalb nicht, alle drei als Spielart dessen zu bezeichnen, was es als Kontinuität des Irrtums über die Voraussetzungen selbständiger staatlicher Existenz seit Bismarcks Abgang in der deutschen Politik gegeben hat.

Wenn die Bundesrepublik diese Versuchungen abzuwehren vermag,

Bundesrepublik als Definitivum

wird sie als Staat unter Staaten ihre Chance haben, ein modernes, demokratisches und leistungsfähiges Land zu sein, dessen Sendboten in aller Welt Gehör finden und Einfluß besitzen. Dazu ist freilich nötig, daß die Bundesrepublik auch im Bewußtsein ihrer Bürger als Definitivum anerkannt wird, soweit es dies im Strom der Geschichte überhaupt geben kann. Das setzt die Entwicklung eines westdeutschen Patriotismus voraus, denn kein Staat kann auf die Dauer gedeihen ohne die erzwungene oder freiwillige Loyalität seiner Bürger. Gerade ein vielfach international verflochtenes Gemeinwesen braucht die Identität von Staat und Staatsvolk. Die Bundesrepublik steht vor großen Reformen in Staat, Gesellschaft und Erziehung. Der Pluralismus der Interessenten allein kann die dafür notwendige Dynamik nicht freisetzen, es sei denn, es geselle sich ihm ein starkes Bewußtsein politischer Solidarität bei.

Oberste Maxime der Bundesrepublik ist es also, daß sie die ihr zugesprochenen Chancen und Risiken erkennt. In einer komplizierten Welt bedingt dies den immer neu anzustrengenden Versuch, Ziele und Mittel der eigenen Außenpolitik in Deckung zu bringen. Das schließt die Bereitschaft zum Wandel und den Willen zur Kontinuität ein. Die Bundesrepublik ist nach zwanzig Jahren im Begriff, sich selbst historisch zu begreifen; sie hat eine eigene Tradition gebildet. Neue Erfahrungen werden sie fortsetzen und so das Selbstverständnis der Bundesrepublik vertiefen und erweitern.«

5. Pierre Hassner weist nach, in welchem Umfang infolge Teilung und Größe die nationalen Ziele der Deutschen nur in einem kollektiven Rahmen zu realisieren sind. In diesem Zusammenhang entwickelt er aus drei, antinomisch angelegten Forderungen den von ihm angenommenen Grundtrend:[28]

Grundtrend

»Erstens: Deutschland kann weder zu einem souveränen Einheitsstaat vereinigt werden, noch kann es auf der Basis zweier einander feindlich gegenüberstehender souveräner Staaten endgültig geteilt bleiben.

Zweitens: Deutschland sollte nicht völlig entwaffnet werden, muß aber qualitative und vielleicht auch quantitative Rüstungsbegrenzungen hinnehmen.

Drittens: Deutschland kann nicht sich selbst überlassen bleiben und eine Politik der aktiven Blockfreiheit oder der passiven Neutralität treiben dürfen; aber es sollte auch nicht völlig in eine zentralistische Allianz oder eine supranationale Gemeinschaft integriert oder in ihr paralysiert werden.

Zwischen diesen Extremen liegt das Wahrscheinliche; deshalb sind in diesem Zusammenhang einige Feststellungen notwendig, nämlich:

1. Die Evolution in Europa hat gerade erst begonnen; folglich muß jede einzelne ihrer Phasen deshalb aus einer dynamischen oder evolutionären Perspektive gesehen werden.
2. Der internationale Rahmen muß flexibel genug sein, um mehrere Zwischenlösungen zuzulassen; er muß jedoch auch fest gefügt sein, um extreme Alternativen auszuschließen, welche die Sicherheit anderer europäischer Staaten oder die Stabilität des Kontinents gefährden würden. Das europäische System müßte also eine evolutionären Entwicklungen anpassungsfähige Mischform darstellen.
3. Das System müßte den jeweiligen Situationen gerecht werden können: von der bipolaren Kontrolle bis zum Disengagement der Supermächte. Einerseits müßten die europäischen Nationalstaaten eine gewisse Bewegungsfreiheit erhalten, andererseits müßte dieser Spielraum durch neue regionale oder gesamteuropäische Bindungen begrenzt werden.«

internationaler Rahmen

6. Wolfgang Behr unternimmt einen Systemvergleich zwischen der Bundesrepublik Deutschland und der DDR, um die Grundkonflikte und Konvergenzerscheinungen zwischen beiden Staaten deutlich zu machen.[29] Er arbeitet gewisse Parallelitäten im ökonomisch-gesellschaftlichen Bereich und im Rahmen der Elitebildung heraus, kommt aber zu folgendem Ergebnis:
»Es bleibt abschließend die Feststellung, daß konstatierbare Parallelitäten im ökonomisch-technischen Bereich keinen Schluß dahingehend zulassen, daß sich die Bundesrepublik Deutschland und die DDR unter Aufgabe ihrer spezifischen systemeigenen Merkmale einander annähern. Herrschaft und Ideologie in beiden Systemen sind unterschiedlich. Was Entwicklungstendenzen für die Zukunft betrifft, so zeigen sich für beide Systeme als Industriegesellschaften zwar vergleichbare Problemstellungen, die auch mit durchaus vergleichbaren Mitteln gelöst werden mögen. Dies läßt jedoch keine Folgerung dahingehend zu, daß dies zu Änderungen im Herrschaftssystem und im ideologischen Selbstverständnis der Systeme im Sinne einer Konvergenz führen müßte. Wandlungserscheinungen in beiden Systemen werden sich ergeben. Die Funktionsfähigkeit der Eliten in der Bundesrepublik Deutschland und der DDR (nicht zuletzt abgesichert durch Bündnisverträge und wirtschaftliche Vereinbarungen im westlichen bzw. östlichen Bereich) ist nach allen Erfahrungen der letzten Jahre und Jahrzehnte nicht in Frage zu stellen. Anzeichen für

Systemvergleich

gravierende gesellschaftliche Umwälzungen gibt es nicht. Westliche und östliche Systeme haben je für sich genommen und im Verbund soviel Krisenmanagement entwickelt, daß dies als Garantie ihrer Existenz für die überschaubare Zukunft gewertet werden muß. Die Entwicklung oder Übernahme neuer Systemelemente und kooperative Vereinbarungen dienen der Stabilisierung des jeweiligen Systems. Die Grundkonflikte zwischen kapitalistischen und sozialistischen Systemen, zwischen der Bundesrepublik Deutschland und der DDR, bestehen weiter.«[30]

deutsche Teilung

7. Richard Löwenthal stellt die deutsche Teilung in den großen historischen Zusammenhang:[31]

»Im Laufe des Vierteljahrhunderts, das seit dem Ende des Zweiten Weltkrieges vergangen ist, hat die deutsche Teilung sich als Kern einer stabilen machtpolitischen Ordnung Europas erwiesen. Diese Ordnung ist die Teilung Europas in die Machtsphären der Supermächte – in der Sprache de Gaulles ›das System von Jalta‹. Sie ist freilich, wie gerade die Erfahrung der letzten Jahre gezeigt hat, ebenso asymmetrisch, wie die Supermächte von ungleicher Natur sind...

So ist es in der neuen Weltlage zwar fraglich, ob die Teilung Europas in Machtsphären der Supermächte weiterhin eine stabile Ordnung garantieren wird – doch die Alternative, die sich abzeichnet, ist nicht die Wiederherstellung der europäischen und mit ihr der deutschen Einheit, sondern entweder die Wiederkehr jener Gefahr der sowjetischen Vorherrschaft auf dem ganzen Kontinent, die in den ersten Nachkriegsjahren mit amerikanischer Hilfe gebannt wurde oder die Selbstbehauptung Westeuropas aus vorwiegend eigener Kraft mit dem Versprechen amerikanischen Beistands für den Ernstfall im Hintergrund. Die deutsche Teilung aber wird in jedem Falle dauern, solange das sowjetische Imperium in Osteuropa besteht. Und selbst wenn eines Tages die sowjetische Präsenz in Osteuropa unter dem Zwang neuer Probleme verschwände und die Deutschen der DDR zusammen mit den anderen Osteuropäern ihre Freiheit wiedererlangten, so wäre die Wiedervereinigung aller Deutschen in einem Staat keineswegs gewiß. Denn weder läßt sich voraussehen, ob die Menschen, die in zwei so radikal verschiedenen Teilstaaten gelebt haben, dann einen Weg zum Zusammenleben in *einer* staatlichen Ordnung finden würden – noch ob die Nachbarvölker dann zusammen mit ihnen ein neues europäisches System schaffen könnten, das stabil genug wäre, ein ungeteiltes Deutschland wirksam zu integrieren.«

Ohne eine kritische Auseinandersetzung mit einzelnen, zum Widerspruch reizenden Thesen und Auffassungen der Autoren zu führen, sollen diese Hinweise auf einzelne Beiträge zur wissenschaftlichen Diskussion auf der Grundlage des gegenwärtigen Forschungsstandes vielmehr durch den implizit bei ihnen vorhandenen Teil-Konsens die sechs Grundannahmen der vorliegenden Arbeit verdeutlichen und fundieren.

2.5 Grundannahmen

Provisorium

1. Die Betonung des Übergangscharakters der Bundesrepublik Deutschland bot die Möglichkeit, eine eindeutige Klärung ihres Selbstverständnisses zu verzögern. Provisorium, Transitorium, unvollendete Republik oder Definitivum, endgültige Endstation einer wechselvollen deutschen Geschichte? Sollten oder durften die Bürger ihre nationale Loyalität auf den westdeutschen Teilstaat übertragen? Besaß die Idee der Nation oder die des geeinten Europas erste Priorität? Die Bundesrepublik Deutschland ist seit ihrer Gründung in der schwierigen Lage, ihre Vorläufigkeit artikulieren und permanent über sich selbst hinausweisen zu müssen. Allmählich wurde jedoch deutlich, daß die Bundesrepublik Deutschland weder bezüglich Gesamtdeutschlands noch bezüglich Westeuropas zum kurzfristigen Abruf bereitsteht. Damit wird nachdrücklicher als früher in der Bundesrepublik Deutschland das Bedürfnis bemerkbar, das Erreichte als eine gemeinsame Leistung aller Bürger zu interpretieren und in den Zusammenhang gemeinsamer Erfahrung und gemeinsamen Erfolges zu stellen. Die Schwierigkeiten einer befriedigenden kollektiven Identifikation der Bürger in der Bundesrepublik sind offenkundig. Das Wir-Bewußtsein in der Bundesrepublik bleibt labil.

deutschland-politische Perspektiven

2. Die öffentlich diskutierten deutschlandpolitischen Perspektiven bleiben relativ konturlos, gleichzeitig aber kontrovers.[32] Die Vorschläge zu konkreten Strategien beruhen vielfach auf Hypothesen und normativen Prämissen, deren Plausibilität bezweifelt werden kann. Strittig erscheinen insbesondere die Frage nach der wünschbaren Stabilität oder Instabilität des politischen Systems der DDR und die Überlegung einer angemessenen politischen Antwort darauf, sowie das Problem der konkreten politischen Form, in der die Deutsche Frage eine Lösung erfahren soll. Der häufige Hinweis, daß die Einheit der Deutschen nicht den deutschen Einheitsstaat bedeuten

müsse, sondern daß es andere Formen des Zusammenlebens gebe, die es zu definieren gelte, unterstreicht diese Beobachtung.

nationale Idee

3. Substanz und Stellenwert der nationalen Idee in der deutschen Politik sind nicht frei von Elementen der Unklarheit und Unbestimmtheit. Eine diffuse Terminologie und manche konzeptionelle Unschärfe und ratlose Hilflosigkeit bei der Beantwortung provozierender Aktionen der DDR haben bei vielen Bürgern das Vertrauen in die ›amtliche Politik‹ nicht gestärkt.
4. Die Deutsche Frage wird dadurch kompliziert, daß sie nicht nur in der Interaktion zwischen zwei Akteuren, nämlich Bundesrepublik Deutschland und DDR besteht, sondern daß sie auch in ein kompliziertes, vielfältig zerklüftetes internationales Interaktionssystem einbezogen ist. Insofern sind alle deutschlandpolitischen Erwägungen auch abhängige Variablen von der internationalen Entwicklung, etwa von Veränderungen in der sowjetischen Politik, in den Ost-West-Beziehungen oder in Ost- und Westeuropa, in der amerikanischen Politik, von der Stabilität der internationalen Ordnung überhaupt. Dabei wird das deutsch-deutsche Verhältnis inzwischen von der internationalen Umwelt mehr und mehr als ein Problem der beiden deutschen Staaten verstanden, das von diesen beiden selbst, nicht primär vom internationalen System bewältigt werden muß.

Beziehungen zwischen beiden deutschen Staaten

5. Die Bundesrepublik Deutschland und die DDR bilden nach wie vor die Schnittebene der Spannung und der Rivalität zwischen Ost und West. Die Beziehungen zwischen beiden Staaten sind damit störanfällig in bezug auf praktisch alle wichtigen Konflikte zwischen den antagonistischen Ordnungssystemen.
6. Die Entwicklung im politischen und ökonomischen System der Bundesrepublik Deutschland und der DDR lassen die Annahme nicht zu, daß es zu einer Konvergenz zwischen beiden deutschen Staaten kommen werde, daß sich damit also die deutsche Frage gewissermaßen von selbst löst.

Diese Ausgangslage macht deutlich, wie kompliziert Gegenstand und Ziel jeder realistischen und rationalen Strategie zur nationalen Frage in Deutschland sind und welch vielfältige Faktoren dazu berücksichtigt werden müssen.

3. Das Verständnis von der Nation

Nachdem der Grundlagenvertrag die Aspekte grundsätzlicher politisch-ideologischer Gegnerschaft ausgeklammert hat, manifestiert sich diese in ganz konkreten Positionen, so vor allem in dem jeweiligen Anspruch auf die legitime Repräsentanz der deutschen Nation und damit auch auf die legitime Repräsentanz des Erbes der deutschen Kultur. Die Verträge bieten für diese sich überkreuzenden Ansprüche kodifizierte Verlaufsbahnen, d. h., die Ansprüche sind inzwischen konkreter zu verorten, konkreter einzubringen und damit politisch wirksamer zu artikulieren als in früheren Jahrzehnten, wo diese Ansätze mangels geeignetem Instrumentarium und mangels institutionalisierter Bezugspunkte diffuser und weniger konzentriert verlaufen mußten. Damit haben aber die Ansprüche auf nationale Repräsentanz größere Brisanz erhalten; sie sind als aktuelles politisches Problem auch für nicht-professionelle Beobachter der deutschen Frage greifbar. Insofern entspringt die Notwendigkeit einer systematischen Analyse des Nation-Begriffs nicht bloß politikfernem, akademischem Interesse. Vielmehr ist festzuhalten, daß der Nation-Begriff, wie viele andere politische Grundbegriffe – z. B. Demokratie, Gerechtigkeit, Lebensqualität – sich zwar einerseits auf einen diffusen, vorgefundenen Konsens bezieht, daß aber andererseits der Kampf um die Interpretation und Ausdifferenzierung dieser Grundbegriffe einen Teil des politischen Machtkampfes darstellt. Die Durchsetzung einer spezifischen Variante des Nation-Verständnisses hat also konkrete politische Konsequenzen und ist im Zusammenhang mit den entsprechenden politischen Konzepten und Absichten zu begreifen, auch wenn sich die politische Auseinandersetzung gerne der Diskussionsfiguren aus dem wissenschaftlichen Bereich bedient. Die wissenschaftliche Diskussion um die Nation besitzt inzwischen eine eigene Tradition. Sie weist vielfältige Verästelungen, heftige Kontroversen auf, keineswegs Einigkeit darüber, was Wesensmerkmale, Voraussetzungen und Implikationen einer Nation angehen.[1]

Verträge

Die Deutungen des Verständnisses von der Nation – ursprünglich vom Problem des Nationalismus ausgehend – reichen – bereits in der Diskussion vor dem 1. Weltkrieg – vom Begriff ›Kulturnation‹ (Fr. v. Meinecke), der Nation als ›hochorganisierter Gruppe‹ (F. Oppenheimer), als ›Gefühls- und Zweckgemeinschaft‹ (L. Gumplowicz, F. Ratzel) bis zur Identifikation von Nation und staatlichem Verband (M. Weber), der Betonung des nationalen Bewußtseins (M. Lazarus,

Nation-Verständnis

G. Jellinek) und des Willens zur Zugehörigkeit (F. Oppenheimer, R. Michels).

Vor allem Max Weber hat die Reflexion des Nation-Begriffs nachhaltig beeinflußt. Für ihn ist Nation ein politischer Verband, der Nationalstaat »die weltliche Machtorganisation der Nation«[2]; der Nationalismus ist dann die Folge »bewußter Anteilnahme am machtpolitischen Schicksal des eigenen Staates«[3].

Deutungen des Begriffs

Eine weitere Variante hat W. Bühl eingeführt, indem er den Prozeß der Nationbildung als eine im wesentlichen sich kontinuierlich vollziehende »Übertragung von sozialen Primärbindungen auf Sekundärgebilde«[4] begreift. Die Nation ist dann ein notwendiges Produkt fortschreitender Sozialisation, die sich vor allem in der innergesellschaftlichen Arbeitsteilung und der Ausweitung der Kommunikation niederschlägt.

Einen wichtigen Versuch, die verschiedenen Gesichtspunkte zu integrieren, unternahm B. Shafer.[5] In Anlehnung an den 1939 veröffentlichten Bericht des ›Royal Institute of International Affairs‹[6] entwikkelte er auf der Basis empirischen Datenmaterials einen Katalog konstitutiver Elemente für den Begriff der Nation:

1. ein einheitliches Territorium, das real oder virtuell vorhanden ist;
2. gemeinsame Züge wie Sprache, Literatur, Sitten;
3. ein Mindestmaß gemeinsamer sozialer und ökonomischer Institutionen;
4. eine virtuell oder real vorhandene gemeinsame souveräne Regierung;
5. der Glaube an Gemeinsamkeit von Geschichte und Abstammung;
6. relative Wertschätzung zwischen Nationszugehörigen;
7. Hingabe an ein wie immer aufgefaßtes Ganzes;
8. Stolz über Errungenschaften, Trauer über Mißerfolge der nationalen Politik;
9. Geringschätzung oder Feindseligkeit gegenüber fremden Nationalitäten;
10. Hoffnung auf zukünftigen nationalen Machterwerb.

Nation-Bildung

Dieser Katalog kann durch weitere Aspekte ergänzt werden; es können aber auch einzelne Punkte fehlen, um dennoch zur Nation-Bildung zu gelangen. Shafers Auflistung enthält praktisch alle Gesichtspunkte, die bis zum heutigen Tag im Zusammenhang mit der Konstituierung und dem Erhalt von Nationen genannt werden, sieht man von einem Punkt ab, der die Willenskomponente stärker akzentuiert.[7] Danach ist der entscheidende Faktor der Nation der Wille. Ein sozialer Verband wird dadurch zur Nation, daß er Nation sein will. Nationalbewußtsein

gründet sich danach nicht nur darauf, daß etwas füreinander empfunden wird, sondern diese Gemeinsamkeit gepflegt wird, sich fortbildet und daß man etwas gemeinsam will.
Versucht man diese divergierenden Gesichtspunkte aus der langen wissenschaftlichen wie politischen Debatte um die Nation zu systematisieren, so sind drei Aspekte festzuhalten:

3.1 Die sozialpsychologische Dimension

Ein gemeinsames Grundverständnis sieht die Nation als eine Form kollektiver Identifikation, die sich auf das Zusammenleben einer Gemeinschaft insgesamt und nicht auf konkret auszumachende partielle Zwecke bezieht.

Identitätsbildung

Diese Möglichkeit der Identitätsbildung ist für Individuen wie Kollektive von entscheidender Bedeutung[8]
- für ein sicheres Selbstgefühl,
- für die Verarbeitung der Informationen der Umwelt,
- für die Abwägung von individuellen und gesellschaftlichen Ansprüchen.

Fehlt diese Identität, dann leben Personen wie Kollektive in permanenter Unsicherheit. Damit korrespondieren Orientierungsprobleme und Statusunsicherheiten, die umschlagen können in ein extremes Sicherheitsverlangen. Individuen und Kollektive ohne klare Identität sind auf Dauer pathologisch gefährdet.
Damit erhält die Nation ihre Bedeutung, aber auch ihre Relativierung. Dies kann näher verdeutlicht werden mit den Schlußfolgerungen aus Beobachtungen einfacher elementarer sozialer Beziehungen:
Selbstbewußtsein drückt sich nicht nur im Wort ›Ich‹, sondern auch im ›Wir‹ aus.[9] Person-Sein verwirklicht sich, indem ich mit anderen in Beziehung trete. Die eigene Eigenart erfahre ich im Austausch mit anderen, im Unterschiedensein von ihnen. Die Begegnungen mit dem anderen ist der typische Anlaß für die Reflexion auf mich selbst. Ich beziehe seinen Standort und seine Perspektive vorweg in mein Handeln ein.[10] Sein Selbstbewußtsein und unser gemeinsames Bewußtsein von uns beiden als Gemeinschaft formen mein Selbstverständnis wesentlich mit. Ich erfahre also meine Welt als eine intersubjektive Welt, die ich mit anderen teile, deren Gefüge ich mit anderen interpretiere und damit auch konstruiere. Die Identität eines jeden von uns ist geprägt von einer Fülle von solchen Intersubjektivitäten, von solchem Gemeinschaftserfahren. Jeder Mensch lebt in einer Vielfalt von sol-

Bundesrepublik Deutschland

chen Gemeinschaftsbezügen. Als deutscher Bürger erlebt er das Gemeinschaftsbewußtsein von Organisationen, Parteien, Vereinen, Verbänden aller Art; er kennt das Wir seiner Heimatgemeinde, seines Bundeslandes; er kennt das Wir der Bundesrepublik Deutschland, das Wir Deutschlands; er ist integriert in das Bewußtsein einer westeuropäischen Gemeinschaft, einer atlantischen Allianz, einer Weltgesellschaft. Diese Formen von Gemeinschaftsbewußtsein stehen meist einfach nebeneinander, oftmals sogar recht unverbunden nebeneinander, jeweils als eine Variante einer relativierten Identifikation. Nationales Bewußtsein ist eine dieser relativierten Identifikationsformen.

Die so verstandene Nation wird wesentlich geprägt durch ihre Wandlungsfähigkeit. Sie ist keinesfalls eine statisch fixierte Größe, sondern eine geschichtliche Erscheinung, die sowohl in ihrer Struktur wie in dem Verständnis ihres sozialen Inhalts dem Wandel ausgesetzt ist. Sie ist damit allerdings keine Größc, die von der jeweiligen politischen Führung durch einen Entscheidungsakt dekretiert oder verbannt werden könnte.

3.2 Die wichtigsten Nation-Typen

Kulturnation

Die weit verästelte Diskussion um den Nation-Begriff kreiste im Grunde immer wieder um zwei Nation-Typen: Kulturnation und Staatsnation. Beide Typen haben eine entsprechend nachhaltige Wirkung bis hin zur gegenwärtig geführten Diskussion. Diese Unterscheidung bezieht sich auf die Gegenüberstellung von Kulturnation und Staatsnation durch Friedrich Meinecke.[11]

Die Kulturnation findet ihre Begründung im Zusammengehörigkeitsgefühl aus dem Bewußtsein gemeinsamer Kultur. Gemeinsame Sprache, Geschichte, Sitten, Religion und Abstammung sind unumstrittene Komponenten der Kulturnation.[12] Diese einzelnen Elemente können, müssen aber nicht, das Bewußtsein, einer Kulturgemeinschaft anzugehören, initiieren und fördern. Im Blick auf die deutsche Teilung stellt Schweigler dazu einige kritische Fragen: »Was aber geschieht, . . ., wenn eine Gruppe von Menschen, die aufgrund ihrer kulturellen Gemeinsamkeiten eine Gemeinschaft bilden, durch Gewalt daran gehindert werden, miteinander zu verkehren: Sind sie noch eine Gemeinschaft? Bleiben sie eine Gemeinschaft? Oder werden nunmehr nicht mehr gemeinsam erlebte Erfahrungen diese einstmalige Gemeinschaft sprengen?«[13] Die diffuse Unbestimmtheit des Begriffs, seine irrationalen Elemente – die Möglichkeit, ihn mit beliebigen, auch unfreiheitlichen und antidemokratischen Inhalten aufzuladen, treffen auf Kritik. So lehnt ihn beispielsweise der Anthropologe Emerich Francis ab, weil »der Begriff der Kulturnation vor allem zum Bereich der politischen Idee und des Mythos gehört«[14]. Gegen eine Festschreibung des Nation-Begriffs als Kulturnation wendet sich auch das Bundesverfassungsgericht in seinem Urteil zum Grundlagenvertrag. Es bedeute »die Aufgabe einer unverzichtbaren Rechtsposition«, wenn »hinter dieser neuen Formel ›deutsche Nation‹ nur noch der Begriff einer im Bewußtsein der Bevölkerung vorhandenen Sprach- und Kultureinheit« stünde.[15]

Welch verheerende politische Sprengkraft der Begriff der Kulturnation entwickeln kann, hat ja die Weimarer Republik gezeigt. Damals verband sich nationales Denken mit der Überlegung, die militärische Niederlage im Ersten Weltkrieg sei etwas Vordergründiges gewesen und das eigentliche ›Reich‹ sei davon unberührt geblieben. Nicht das ›System von Weimar‹, jenes ›Produkt der schändlichen Niederlage‹, repräsentiere daher die Nation, sondern diejenige Kraft, die ihre Wurzeln in der Kultur des unbesiegbaren wirklichen ›Reichs‹ habe. Das eigentliche Engagement für die Nation müsse sich daher von der konkreten Wirklichkeit des deutschen Staates lösen. In dieser Hinsicht gehört zweifellos manches aus diesem Vorstellungsbereich zu den fragwürdigen Traditionsbeständen deutscher Geschichte.

Staatsnation

Der Begriff der Staatsnation geht davon aus, daß es einem Staat gelingt, das innerhalb seiner Grenzen wohnende Volk bzw. die dort lebenden Völker zu einer Nation zu einen. Dieser Begriff rückt also die Bedeutung der staatlichen Leistung für den nationalen Zusammenhalt in den Mittelpunkt. Er bindet die Nation an die konkrete Erscheinung des Staates; Nation realisiert sich in der staatlich verfaßten Wirklichkeit. Zweifel an diesem Nation-Typ werden vor allem im Blick auf Nationen geäußert, die separate Staaten umfassen, so wie dies in Deutschland der Fall ist.[16] Eine schematische Auflösung der Nation erscheint hierbei ebenso unzutreffend wie der bloße Verweis auf die Kulturnation.

3.3 Das Kommunikationssystem

Beide Nationtypen sind in bezug auf den gegenwärtig in Deutschland vorhandenen empirischen Sachverhalt wohl kaum operationalisierbar. Der zusätzliche Hinweis auf die notwendige Betonung der Willenskomponente wirft außerdem die Frage nach der Operationalisierbarkeit der jeweiligen Definition auf. Die bisher entfalteten Nation-Begriffe vermögen beide Leistungen nicht zu erbringen. Insofern erscheint es sinnvoll, gewissermaßen in Form einer Synthese, den vorgefundenen Konsens zum Nationverständnis zu präzisieren, indem Nation kommunikationstheoretisch ausformuliert wird. Danach würde sich Nationalbewußtsein manifestieren als Kommunikationsbereitschaft in Verbindung mit dem Interesse, ein stabiles Kommunikationssystem zu schaffen.

Diese Variante verbindet die wichtigsten, unbestrittenen Komponenten der übrigen Definitionen mit der Chance empirischer Überprüfbarkeit. Nicht im präzisen Sinne der hier gegebenen Definition, wohl aber als allgemeiner Hinweis erfolgte die kommunikationstheoretische Aufarbeitung der Nationproblematik erstmals in der vielbeachteten Studie von Karl W. Deutsch über »Nationalism and social communication«.[17]

soziale Kommunikation

Die Merkmale der Nation führt Deutsch auf das Prinzip sozialer Kommunikation zurück. Statt Nationalität unmittelbar von gemeinsamer Sprache und Geschichte abzuleiten, geht Deutsch davon aus, daß die betreffenden Bevölkerungsgruppen durch ein hohes Maß an sozialer Kommunikation gegenüber Fremdgruppen integriert werden. Dazu dient auch die Schaffung eines sozial standardisierten Systems von Symbolen und Normen. Die Umsetzung erhöhter Kommunikation in Nationalbewußtsein führt Deutsch auf den Prozeß der Modernisierung und industriellen Revolution zurück. Der Zwang zu schnellem sozialem Lernen, der mit dem raschen sozialen Wandel und der wachsenden Mobilität zusammenhängt, führt zu jenen interkommunikativen Symbolen, die den Bezugsrahmen für Nationalbewußtsein darstellen. Dieses Nationalbewußtsein entwickelt sich dann, wenn in einem Kommunikationssystem, das von anderen Kommunikationssystemen unterschieden ist, die Akteure davon überzeugt sind, daß die in diesem System lebenden Menschen von anderen unterschieden sind und diesem Unterschied einen positiven Wert geben sowie sie mit erhöhter Aufmerksamkeit wahrnehmen.

Dieses Nationverständnis faßt die wichtigsten Elemente der alternativen Begriffe zusammen. Es übersieht nicht den Beitrag, den staatliche Institutionen und gemeinsame Kultur zur Nationbildung leisten, noch die Bedeutung der Willenskomponente, sondern transformiert vielmehr alle diese Faktoren in den Rahmen operationalisierbarer Daten.

3.4 Die historischen Erfahrungen

Die damit verbundene methodische Offenheit erhält ihren besonderen Wert, wenn die Problematik der Nation im allgemeinen am konkreten Fall Deutschland untersucht wird. Denn die Frage, was Deutschland sei, durchzieht unsere Geschichte als Ausdruck der Permanenz eines Problems. Und es ist daran zu erinnern, daß das Einheitsproblem in der deutschen Geschichte in zahlreichen Varianten aufgetreten ist.[18] Es gab das Deutschland des Heiligen Römischen Reiches Deutscher Nation; es gab das Ringen um die Alternative Groß- oder Kleindeutschland; es gab das Deutsche Reich Bismarcks und die allgemeine Empfindung seiner Verstümmelung mit dem Friedensvertrag von 1919; es gab das Großdeutsche Reich der Nationalsozialisten; seine Niederlage und schließlich die Schaffung von Bundesrepublik Deutschland und Deutscher Demokratischer Republik. Allein diese wenigen Hinweise verdeutlichen unterschiedliche Vorstellungen von Deutschland, die nicht zur Deckung zu bringen sind.

Deutschland

Das oben skizzierte Verständnis von Nation und Nationalstaat ist, historisch gesehen, erst relativ spät wirklich relevant geworden.[19] Es ist ein Phänomen der Neuzeit, das sich höchstenfalls bis zu den niederländischen und englischen Revolutionen des 16. und 17. Jahrhunderts zurückverfolgen läßt. In den meisten westeuropäischen Ländern entwickelte es sich erst mit der Französischen Revolution zu einer zentralen politischen Kraft.

In Deutschland orientierte sich das Nationalbewußtsein zunächst vor allem an geistesgeschichtlichen, kulturellen Gegebenheiten, die vielfach mit religiösen Vorstellungen angereichert waren. Aus dieser Perspektive entstand dann ein universal ausgerichtetes Sendungsbewußtsein, dessen Ausformung bei anderen europäischen Nationen durch das frühere Vorhandensein eines Nationalstaates rechtzeitig seine Beschränkung erfahren hatte. Die nationalstaatliche Einheit ist in der langen deutschen Geschichte im Unterschied zu den großen westeuropäischen Staaten Frankreich, England, Spanien erst spät, unter Bismarck, gewonnen und schon wenige Jahrzehnte danach, unter Hitler, wieder verspielt worden. Der Nationalstaat ist also nicht die selbstverständliche Norm der deutschen Geschichte. Aber wie in den übrigen Staaten so frappiert auch in Deutschland die Parallelität des Aufbruchs zur nationalen Einheit und des Aufbruchs zur demokratischen Selbstbestimmung. Die großen Revolutionen der Völker des Westens, in den Vereinigten Staaten, in England, in Frankreich suchten ihre nationale Verwirklichung mit der Bindung an allgemeine Normen der Humanität

Nationalbewußtsein

zu verknüpfen. Auch die deutsche Nationalbewegung des 19. Jahrhunderts hat ihre Wurzeln in der demokratischen Verfassungsbewegung. Die verspätete Entwicklung Deutschlands zu einem Nationalstaat mag eine Ursache für das besonders hektische und intensive Empfinden des Nationalgedankens gewesen sein. Erst 1871 ist es Deutschland gelungen, sein nationales Problem in einer begrenzten Form zu lösen. Im Zusammenwirken vieler Kräfte war ein einheitlicher deutscher Nationalstaat zustande gekommen, der den Deutschen ein bis heute nachwirkendes Raumbild ihres nationalen Daseins gab; auf einige Faktoren sei besonders hingewiesen: die Entstehung einer Nationalliteratur, die Erweckung nationalen politischen Bewußtseins durch die Französische Revolution und Napoleon I., das nationale Gemeinschaftserlebnis im Frühjahr 1848, der Zwang der industriellen Revolution, die Macht der preußischen Armee und die Führungskraft Bismarcks. In dieser Reduktionsform Bismarckscher Prägung hat die deutsche Geschichte die Nation als politische Realisation erfahren. Die tief prägende Wirkung dieses historischen Datums und seiner Fortsetzung durch die Weimarer Republik zündet bis heute im Ringen um die Frage nach der Nation weiter nach.

Die Verbindung der allgemeinen Überlegungen zum Nationverständnis mit der konkreten Nation-Erfahrung in der deutschen Geschichte verweist als Fazit auf drei Punkte:

kollektive Identifikation

1. Das Verständnis der Nation beschreibt in Deutschland ein Element der kollektiven Identifikation, das durchaus labil ist. Es ist nicht nur geprägt von einer eigenen, von den Nachbarn deutlich unterschiedenen geschichtlichen Entwicklung, sondern es ist zusätzlich belastet durch die Perversionen nationalen Bewußtseins im Deutschland des 20. Jahrhunderts. Im Nationalsozialismus, dem Höhepunkt der Ideologisierung des deutschen Nationalbewußtseins trafen sich mehrere Grundströmungen: Neben das nationale Sendungsbewußtsein trat ein staatliche Normen übersteigendes quasi – religiöses Verständnis, das die politische Wirklichkeit nur als Unvollkommenheit empfand, dem die Vollkommenheit der Nation gegenübergestellt werden mußte. Dies verband sich mit einer expansiven Rassenideologie zu jenem pseudoreligiösen Widersinn nationalen Denkens.
   Es muß bezweifelt werden, ob diese tiefgreifenden Verwerfungen bis heute wirklich rational aufbereitet und verarbeitet sind. Von daher bleibt das Verständnis der Nation relativ diffus und der Umgang mit dem Nation-Begriff streckenweise verkrampft, weil viele Irritationen einen selbstverständlichen Umgang mit diesem Element kollektiver Identifikation verhindern.

Industrie-
gesellschaft

2. Die Strukturbedingungen moderner Industriegesellschaften – komplizierte Organisationen, Anonymität, relative Isolation, Mobilität, ausgeprägte Arbeitsteilung etc. – lassen das Verlangen nach Gemeinschaftsgefühl nach Wir-Bewußtsein als eine wesentliche Orientierungshilfe für jeden einzelnen, als ein Faktor des Sich-Zurechtfindens in der Welt, zu einem vordringlichen Anliegen werden. Hierbei bildet Deutschland keine Ausnahme. Die Notwendigkeit kollektiver Identifikation als Element der Orientierung stellt sich von daher als eine wesentliche politische Aufgabe.
3. Verständnis und Begriff der Nation sind vielfältig oszillierend. Sie sind unterschiedlich interpretierbar und unterschiedlich normativ und emotional aufladbar. Insofern stellt sich in der Bundesrepublik Deutschland das schwierige Problem, einerseits einen spezifischen Zugang zur nationalen Frage zu besitzen, einen Interpretationskampf um den Nation-Begriff aushalten zu müssen und andererseits doch auch die Notwendigkeit und die besondere Bedeutung kollektiver Identifikation zu spüren. Dies läßt den Schluß zu, daß Verlauf und Ausgang des Interpretationskonflikts um die Nation einen hohen Stellenwert im Blick auf die Zukunft Deutschlands, aber auch im Blick auf die Handlungsfähigkeit und dic Entwicklungschancen der Bundesrepublik Deutschland besitzen.

4. Die Bundesrepublik Deutschland und die Frage nach der Einheit der Nation

4.1 Der empirische Befund

Bundesrepublik Deutschland

Das empirische Datenmaterial, das Rückschlüsse auf das Nationalbewußtsein in der Bundesrepublik Deutschland zuläßt, ist – im Gegensatz zum Datenmaterial aus der DDR – sehr reichhaltig, auch wenn nur wenige Umfragen durchgeführt worden sind, die sich direkt und ausdrücklich mit dem Nationalbewußtsein befassen.[1] Dennoch ist die Datenbasis recht problematisch. Neben den herkömmlichen methodischen Fragezeichen (Zuverlässigkeit der Verschlüsselung, Signifikanz der Fragen, Untersuchungszeitraum, Verfahren der Auswahl der Befragten, Interpretierbarkeit der Fragestellungen, Situationsgebundenheit der Antworten etc.) ist vor allem auf drei Punkte hinzuweisen:

Indikatoren

1. Es gibt keinen eindeutigen, allgemein akzeptierten, methodisch erprobten Indikator für Nationalbewußtsein. Die empirischen Untersuchungen stützen sich vielmehr auf einen Kranz von Daten, der das Problemfeld kollektiver Identifikation betrifft und auf dem Wege der weitergehenden Interpretation und der Analogie einige Rückschlüsse ermöglicht.
2. Es wird vorschnell der Fehler gemacht, Nationalbewußtsein in einem dichotomischen Gegensatz zu anderen Formen des Gemeinschaftsbewußtseins (z. B. Staatsbewußtsein, europäisches Bewußtsein) zusehen. Aus dem Vorhandensein eines Staatsbewußtseins oder eines europäischen Bewußtseins sind jedoch keinerlei Rückschlüsse auf das Nationalbewußtsein zu ziehen, weil diese verschiedenen Bewußtseinsformen meist recht unverbunden nebeneinander bestehen.
3. Es wird oft angenommen, man könne aus Zustimmung oder Ablehnung bestimmter juristischer Konstruktionen (Anerkennung der Oder-Neiße-Grenze, Anerkennung der DDR) oder bestimmter politischer Ereignisse (Grundlagenvertrag, Moskauer Vertrag) Art und Intensität des Nationalbewußtseins ablesen.[2]

Um Fehler dieser Art zu vermeiden, soll hier nur sehr vorsichtig empirisches Material als allgemeines Zeichen für bestimmte Trends verwandt werden.

Eine aufschlußreiche Untersuchung wurde Mai/Juni 1978 vom Institut für Demoskopie in Allensbach durchgeführt.[3] 2000 Bundesbürger ab 18 Jahren wurde die Frage gestellt, ob im Grundgesetz weiterhin der

Satz stehen solle: »Das gesamte deutsche Volk bleibt aufgefordert, in freier Selbstbestimmung die Einheit und Freiheit Deutschlands zu vollenden.« Dafür plädierten 76 % der Bevölkerung, 1973 waren es 73 % und 1976 waren es 72 % gewesen. Für eine Streichung der Grundgesetzbestimmung traten 10 % ein (1976: 12 %; 1973: 10 %). Nach Parteipräferenzen ergibt sich folgendes Bild: 82 % der CDU/CSU-Wähler sprechen sich für eine Festschreibung der Wiedervereinigung im Grundgesetz aus, 75 % der SPD-Anhänger und 69 % der FDP-Wähler. Und auf die Nachfrage »Das ist sicher schwer zu sagen, aber was glauben Sie: halten Sie das für möglich, daß es unter diesen Bedingungen in den nächsten zwanzig Jahren zu einem wiedervereinigten Deutschland kommt oder halten Sie das für unwahrscheinlich?« ermittelte das Institut für Demoskopie Allensbach folgendes Ergebnis:

Bundesrepublik Deutschland

	Sept./Okt. 1978	Mai/Juni 1979
halte ich für möglich	10	17
halte ich für unwahrscheinlich	72	64
weiß nicht	18	19

Auch bei der jungen Generation ist der Wunsch nach Einheit vorhanden: 68 % der 16–29jährigen wollen die Wiedervereinigung als Verfassungsauftrag fixiert wissen. Außerdem sind nach einer Untersuchung des Emnid-Instituts immerhin 44 % der Bundesbürger der Auffassung,[4] daß eine Wiedervereinigung Deutschlands die notwendige Voraussetzung für ein vereintes Europa sein müsse.

Umfragen

Nach einer Emnid-Umfrage treten 68 % der Bundesbürger für die Wiedervereinigung Deutschlands »in einem westlich orientierten Staat« ein.[5] Nur ein Prozent der Bevölkerung wünscht sich ein Gesamtdeutschland als »östlich orientierten Staat«. 7 % ist es gleichgültig, welche Staatsform ein wiedervereinigtes Deutschland hat. 17 % der Bundesbürger stehen einer Wiedervereinigung gleichgültig gegenüber, 5 % lehnen sie ab. Verantwortlich für die Teilung Deutschlands wird vor allem die Sowjetunion gemacht: 33 % geben Moskau die Schuld an der Spaltung, 23 % der Regierung der DDR und 22 % Hitler. Weitere 20 % nennen die westlichen Alliierten, 6 % Adenauer und die CDU/CSU. 13 % erklären, alle hätten »etwas Schuld«, 15 % meinen, ausschlaggebend dafür sei »die Lage zwischen dem westlichen und dem östlichen Machtblock«. Auf die Frage, wer eine Wiedervereinigung Deutschlands am ehesten herstellen könne, nannten 20 % den »geschichtlichen Ablauf«. Weitere Nennungen: die Regierungen der DDR

und der Bundesrepublik Deutschland (18 %), USA und UdSSR (17 %), der Wille aller Deutschen (14 %), »niemand« (14 %), UdSSR allein (11 %), ein starker Mann (4 %). Als Weg zur Wiedervereinigung nannten 68 % freie Wahlen der Bewohner in beiden Teilen Deutschlands. Nur 26 % sprechen sich dafür aus, daß eine Übereinkunft der beiden Großmächte die Einheit Deutschlands herbeiführen solle.
Allerdings sind die Bundesbürger nicht bereit, für die Wiedervereinigung jeden Preis zu zahlen. Nach einer Emnid-Umfrage (1978) sind 63 % der Bundesbürger nicht an einer Wiedervereinigung interessiert, wenn eine Regierungsbeteiligung der Kommunisten der Preis dafür wäre. Nur 19 % befürworten eine solche Lösung. Neutralität als Voraussetzung für eine Wiedervereinigung wird von 46 % abgelehnt und von 35 % befürwortet. Auch weitere Modelle werden von einer Mehrheit abgelehnt: Aussetzung freier Wahlen (70 % Ablehnung), Sowjettruppen in der Bundesrepublik – Westalliierte in der DDR (69 % Ablehnung), Einschränkung der Wirtschaftsordnung (61 % Ablehnung).
Diese aktuellen Umfragen bieten zweifellos Anhaltspunkte für die Annahme, daß die Forderung nach Einheit der Nation ein gewichtiges politisches Anliegen ist.[6]
Dieser Eindruck wird ergänzt durch kontinuierlich seit vielen Jahren durchgeführte Erhebungen zu Einzelfragen und Einzelkomplexen, die das breite sozialpsychologische Fundament gewissermaßen schon in historischen Dimensionen ausmessen lassen:

1. Die Beziehungen zwischen den Deutschen[7]

Beziehungen zwischen den Deutschen

Frage: »Stellen Sie sich bitte einmal vor, Sie machen Ferien irgendwo am Schwarzen Meer. Eines Tages lernen Sie dort einen anderen Deutschen kennen. Im Gespräch erfahren Sie, daß er aus der DDR kommt, in der DDR wohnt. Was denken Sie da wohl im ersten Moment, wenn Sie das erfahren? Sehen Sie doch bitte diese Karten einmal an: Was davon träfe zu?«

	1970 Juli %	1975 Nov. %
Wäre neugierig, mich mit ihm zu unterhalten	71	71
Würde mich freuen	61	57
Glaube, wir würden uns als Deutsche im Ausland gut verstehen	59	54

	1970 Juli %	1975 Nov. %
Würde vorschlagen, daß wir zusammen etwas trinken	45	47
Seine wahre Meinung würde ich nicht erfahren, weil er sich nicht traut, sie zu sagen	40	47
Glaube, der würde mich als Westdeutsche(n) gar nicht gern an seinem Tisch haben, weil er bestimmt ganz anders denkt als wir	13	18
Glaube, wir hätten uns wenig zu sagen	12	16
Glaube, das wäre ein Spitzel	6	6
Hätte Lust, mich von ihm zurückzuziehen	3	4
Wäre enttäuscht	2	3
	313	323

2. Der Wunsch nach Wiedervereinigung[8]

Frage: »Wünschen Sie sehr, daß die Wiedervereinigung kommt, oder ist Ihnen das nicht so wichtig?« *Wieder-vereinigung*

	Januar 1976 Wünsche ich sehr %	Nicht so wichtig %	Andere Antwort % %
Bevölkerung insgesamt	61	36	3=100
Altersgruppen			
16–29 Jahre	44	52	4=100
30–44 Jahre	57	40	3=100
45–59 Jahre	65	30	5=100
60 Jahre und älter	77	20	3=100
Politische Orientierung			
SPD-Anhänger	59	36	5=100
CDU/CSU-Anhänger	66	31	3=100
FDP-Anhänger	58	39	3=100

3. ANNÄHERUNG[9]

Annäherung

Frage: »Wenn Sie einmal an die beiden Teile Deutschlands, die Bundesrepublik und die DDR denken: Sind sich die Bundesrepublik und die DDR in der letzten Zeit nähergekommen, oder haben sie sich mehr voneinander entfernt? Was würden Sie Ihrem Gefühl nach sagen?«

	Januar 1976			
	Näher-gekommen	Ent-fernt	Unver-ändert	Unent-schieden
	%	%	%	% %
Bevölkerung insgesamt	33	24	34	9=100
Politische Orientierung				
SPD-Anhänger	48	13	30	9=100
CDU/CSU-Anhänger	23	33	38	6=100
FDP-Anhänger	30	18	45	7=100

Frage: »In den letzten Jahren sind ja zwischen unserer Regierung und den Regierungen der Sowjetunion, Polens, der Tschechoslowakei und der DDR Verträge geschlossen worden. Was haben Sie für einen Eindruck: Sind Sie mit der Entwicklung, wie sie gelaufen ist, zufrieden oder sind Sie enttäuscht?

	1974 Sept.	1975 Sept.
	%	%
Zufrieden	22	22
Enttäuscht	57	39
Unentschieden	21	39
	100	100

4. Bewusstsein[10]

Frage: »Für unser Land hat man ja verschiedene Namen oder Bezeichnungen. Wenn es nach Ihnen ginge – wie sollte man in Zukunft im Radio, im Fernsehen und in den Zeitungen sagen, wenn man von unserem Land spricht?« *Bewußtsein*

	August 1974					
	»Bundesrepublik Deutschland«	»Deutschland«	»Bundesrepublik«	»BRD«	»BR Deutschland«	
	%	%	%	%	%	%
Bevölkerung insgesamt	57	22	13	9	3	=104*
Altersgruppen						
16–29 Jahre	63	13	12	14	2	=104
30–44 Jahre	58	18	16	9	3	=104
45–59 Jahre	55	26	13	6	3	=103
60 Jahre und älter	53	32	10	5	4	=104
Politische Orientierung						
SPD-Anhänger	62	17	12	10	2	=103
CDU/CSU-Anhänger	56	30	9	5	2	=102
FDP-Anhänger	57	15	15	14	4	=105

* Wegen Mehrfachnennungen ergeben die Additionen zum Teil mehr als 100 Prozent.

Frage: »Das Wort Vaterlandsliebe (Halbgruppe: Vaterland): Hat das für Sie einen guten Klang, oder finden Sie, das Wort paßt nicht mehr in die heutige Zeit?«

	November 1975					
	»Vaterland«	»Vaterlandsliebe«	Altersgruppen			
			16–29	30–44	45–59	60 und älter
	Ges.	Ges.				
	%	%	%	%	%	%
Guten Klang	60	48	32	42	53	67
Paßt nicht mehr	38	50	65	56	45	30
Unentschieden	2	2	3	2	2	3
	100	100	100	100	100	100

Frage: »Sind Sie stolz darauf, ein Deutscher zu sein? Würden Sie sagen –«

	1971 Okt. %	1972 Aug. %	1975 Okt. %	Altersgruppen 16–29 %	30–44 %	45–59 %	60 u. älter %
Unbedingt	42	33	36	20	36	38	53
Überwiegend	34	38	40	45	36	47	33
Eher nicht	7	9	6	8	8	4	2
Gar nicht	4	7	6	11	7	3	4
Unentschieden	13	13	12	16	13	8	8
	100	100	100	100	100	100	100

5. Gewichtigkeit[11]

Auf die Frage nach der Rangfolge politischer Aufgaben, bewegen sich deutschlandpolitische Probleme im Mittelfeld der wichtigsten Forderungen.

deutschlandpolitische Forderungen

Die einzelnen deutschlandpolitischen Forderungen zeigten folgendes Ergebnis:

	Nov. 1976 Bev. insges. %	Juni/Juli 1977 Bev. insges. %	Parteipräferenz CDU/CSU %	SPD %	FDP %
Dafür sorgen, daß die Menschenrechte auch in der DDR eingehalten werden	–	53	55	50	59
Die Menschen in beiden Teilen Deutschlands sollen sich wieder näherkommen, damit die Teilung nicht immer endgültiger wird	56	53	53	50	61

Auf die Frage, welche wesentlichen Problemkomplexe Priorität besitzen, antworteten immerhin 49 % mit dem Hinweis auf die deutsche Einheit. Dies bedeutet 1 % mehr als bei dem Verweis auf die Einigung Europas, der durch 48 % der Befragten erfolgte.

6. Kenntnisstand[12]

Kenntnisse über die DDR

Frage: »Wissen Sie, ob es in der DDR nur eine Partei gibt oder mehrere Parteien?«

Es gibt –	1966 März %	1975 Dez. %
nur eine Partei	51	49
mehrere Parteien (richtige Antwort)	28	30
Weiß nicht	21	21
	100	100

Frage: »In der DDR gibt es ja die SED, die Sozialistische Einheitspartei, mit Erich Honecker* an der Spitze. Was glauben Sie, wieviel Prozent der Erwachsenen in der DDR sind Parteimitglieder der SED?«

Vermutete SED-Mitgliedschaft:	1967 Dez. %	1975 Dez. %
Ungefähr 10–39 Prozent (richtig: 15,5 Prozent)**	20	13
Ungefähr 40–69 Prozent	23	23
Ungefähr 70–100 Prozent	21	32
Unmöglich zu sagen	36	32
	100	100

* 1967: Walter Ulbricht

** Juli 1974: 1 907 719 Mitglieder ab 18 Jahre.

Frage: »Was schätzen Sie, wieviel Einwohner hat die DDR?«

	1967 Juli %	1975 Dez. %
Es machten richtige Angaben (17 Millionen)	18	10
Es überschätzten die Einwohnerzahl	26	36
davon: 17 bis 18 Millionen	6	7
18 bis 20 Millionen	7	10
20 Millionen und mehr	13	19
Es unterschätzten die Einwohnerzahl	18	16

	1967 Juli %	1975 Dez. %
davon: Unter 12 Millionen	6	6
12 bis unter 15 Millionen	8	6
16 bis unter 17 Millionen	4	4
Es hatten keine Vorstellung	38	38
	100	100

Frage: »In Berlin gibt es ja die Mauer, die Ost- und West-Berlin voneinander trennt. Erinnern Sie sich zufällig noch, wann diese Mauer gebaut wurde, wieviel Jahre das jetzt her ist?«

	1967 Juli %	1975 Dez. %
Richtige Antwort: 1961	33	27
Es nannten früheren Zeitpunkt	21	23
darunter: 1960	6	11
vor 1960	15	12
Es nannten späteren Zeitpunkt	25	25
darunter: 1962	13	19
nach 1962	12	6
Zeitpunkt unbekannt	21	25
	100	100

Frage: »Wissen Sie noch, warum die Mauer damals gebaut wurde, was der Grund war?«

	1967 Juli %	1975 Dez. %
Der Flüchtlingsstrom sollte durch die Mauer aufgehalten werden	66	66
Andere Vermutungen	18	16
Weiß nicht	16	18
	100	100

Wenn wir dieses Datenmaterial in Bezug setzen zu dem oben skizzierten kommunikationsorientierten Nation-Begriff, so läßt sich folgendes festhalten: *Schlußfolgerung*

- Die Bevölkerung besitzt im Blick auf die hier untersuchte Thematik eine sehr positive Prädisposition.
- Sie ist kommunikativ offen, am deutschen Mitbürger in der DDR ausgeprägt interessiert.
- Der Kenntnisstand über die DDR ist recht gering.

Die Skepsis, die bei der Bevölkerung besteht, ob die internationale Umwelt eine Wiedervereinigung Deutschlands wolle oder überhaupt zulassen werde, hat durch eine Emnid-Umfrage einen interessanten Kontrapunkt erhalten[13]:
Zwei Drittel der Bevölkerung in acht westlichen Staaten bewerten die deutsche Wiedervereinigung positiv. Auf die einzelnen Länder verteilt heißt dies:

	für Wiedervereinigung %	gegen Wiedervereinigung %
Schweden	87	4
Niederlande	72	11
Großbritannien	66	15
Griechenland	66	10
USA	65	11
Dänemark	64	11
Frankreich	58	19
Italien	49	9

Der zum Teil relativ hohe Prozentsatz ohne Meinung läßt nach Auffassung des Emnid-Instituts darauf schließen, »daß relativ größere Bevölkerungsgruppen sich mit diesem Thema entweder noch nicht befaßt haben, es vielleicht auch nicht kennen, oder bisher keine Meinung gebildet haben oder auch keine Meinung äußern wollten«. Wer sich gegen die Wiedervereinigung Deutschlands aussprach, wurde nach seinen Gründen gefragt. Sehr oft wurde daraufhin in allen acht Ländern die Antwort gegeben, die benachbarten westeuropäischen Länder würden durch ein wiedervereinigtes Deutschland beherrscht, die Wiedervereinigung schaffe Unruhe und eine Wiedervereinigung könne eher zugunsten des Ostens als zugunsten des Westens ausschlagen.

Der Hinweis auf den mangelhaften Kenntnisstand zur deutschen Frage, vor allem bei der jungen Generation, wird unterstrichen durch einige qualitative Untersuchungsergebnisse, die die quantitativen ergänzen: *mangelnder Kenntnisstand*

So hat z. B. Dieter Boßmann im Jahre 1977, unterstützt durch rund 100 Lehrer aller Schultypen, Aufsätze zur deutschen Frage schreiben lassen.[14] Mehr als 2200 Arbeiten von Schülern im Alter zwischen 13 und 24 Jahren wurden ausgewertet. Boßmann kommt bei seiner Untersuchung, in der er ausführlich die Stellungnahme der Schüler wiedergibt, zu folgendem Ergebnis[15]:

junge Generation

»Jene Jugendlichen, für die ein Gesamtdeutschland vorstellbar ist, haben sich recht vielfältig geäußert. Hierbei bleibt aber in bestürzender Häufigkeit unklar, ›warum sie (die Teile Deutschlands) auseinandergegangen sind‹; wo überhaupt die Ursachen der Teilung Deutschlands liegen. Folgerichtig stellt sich für einen Teil der Befragten die Wiedervereinigung auch als eine eigentlich recht unkomplizierte Sache dar, die allein schon dann zu erreichen wäre, wenn man sich nur ein wenig Mühe gäbe und guten Willens sei. Auf diesem Hintergrund ist es nicht weiter erstaunlich, daß ungefähr jeder vierte Schüler – am häufigsten die Hauptschüler, erheblich weniger die Realschüler und in deutlich geringerem Abstand die Gymnasiasten und zwischen den beiden letztgenannten Gruppen die Berufsschüler – nicht nur für eine Wiedervereinigung ist, sondern auch meint, sie ließe sich sogar realisieren ...

Die fiktive Frage, »Wie würde Deiner Meinung nach ein wiedervereinigtes Deutschland aussehen?«, brachte eines der interessantesten Ergebnisse dieser Umfrage.

Zunächst einmal sind viele Schüler davon überzeugt, daß sich fast alle Ostdeutschen nach einer Wiedervereinigung »in einem gewaltigen Ansturm bei uns auf einem Fleck ansiedeln« würden. Gleichzeitig befürchten viele Schüler, daß erhebliche Spannungen zwischen Ost- und Westdeutschen wegen der verschiedenen Lebenseinstellungen und -vorstellungen unvermeidbar werden könnten. Insbesondere wird in der kommunistischen Gesinnung der DDR-Deutschen eine erhebliche Gefahr für den Bestand der Bundesrepublik gesehen. Entsprechend wird die Forderung laut, die DDR müßte sich dann »nach uns richten«. Vor allem aber wird auch bei dieser Gelegenheit wieder einmal gewünscht, »es soll so bleiben, wie es jetzt ist«. Ganz offenkundig ist damit gemeint, daß es zu keiner Reduzierung von Freiheitsräumen, aber auch nicht zur Einschränkung im eigenen Lebensstandard kommen dürfe.

Die Vorteile einer Wiedervereinigung werden von vielen Schülern darin gesehen, daß Deutschland an wirtschaftlicher, militärischer und politischer Macht hinzugewönne; häufig wird eine wirtschaftliche Erstarkung aber erst langfristig angenommen, weil die DDR erst

»renoviert« werden müsse. Auch die sportliche Verbesserung bleibt natürlich nicht unerwähnt.

Hervorstechend ist schließlich die starke emotionale Bindung an Berlin. Immer dann, wenn über eine künftige Hauptstadt spekuliert wird, kommt Berlin fast automatisch ins Blickfeld.«

Deutschland-Bild

Diese Eindrücke und Untersuchungsergebnisse wurden ergänzt durch die Resultate des Hearings, das der Innerdeutsche Ausschuß des Deutschen Bundestages am 7. 6. 1978 zum Thema »Deutschland-Bild, deutsche Frage und deutsche Geschichte in Unterricht und Bildung« abgehalten hat.[16] Dabei wurden vor allem erhebliche Mängel bei Lehrplänen, Schulbüchern und Literatur zur deutschen Frage festgestellt. Meist fehlt sogar eine ausdrückliche Akzentuierung der Deutschlandpolitik. Dies erscheint um so bedeutsamer, als die zu bewältigende Problematik einer »Doppelidentifikation« eine dauerhafte psychische Anstrengung erfordert, zu der es – wie in dem Hearing des Ausschusses der Historiker Kosthorst formulierte – bisher keine geschichtliche Analogie gibt.

Vor diesem Hintergrund hat die Kultusministerkonferenz am 23. 11. 1978 einen Beschluß über »Die deutsche Frage im Unterricht« gefaßt, der zu einer gründlicheren Behandlung des Problems in den Schulen führen soll. Die Intention dieses Beschlusses wird in der Einleitung grundsätzlich wie folgt beschrieben: »Das Bewußtsein von der deutschen Einheit und der Wille zur Wiedervereinigung in Frieden und Freiheit ist wachzuhalten und zu entwickeln. Dazu ist die Kenntnis des anderen Teils Deutschlands, seiner Menschen und der sich dort vollziehenden Entwicklung eine notwendige Voraussetzung.

Eine politische Lösung für die staatliche Wiedervereinigung erscheint zur Zeit nicht möglich. Im Interesse der Menschen diesseits und jenseits der Grenze muß nach Formen für ein geregeltes Nebeneinander der beiden Staaten in Deutschland gesucht werden. Solange konkrete Erfolge einer auf die staatliche Wiedervereinigung gerichteten Politik nicht sichtbar sind, kommt es darauf an, den politischen, rechtlichen und humanitären Anspruch auf die deutsche Einheit und auf die freie Selbstbestimmung aller Deutschen langfristig wachzuhalten.

Bildungseinrichtungen

Im Rahmen dieser umfassenden Aufgabe haben die Bildungseinrichtungen, vor allem die Schulen, einen besonderen Beitrag zu leisten. Die deutsche Frage muß im Unterricht aller Schulen einen festen Platz besitzen. Im Mittelpunkt steht das Gebot des Grundgesetzes: ›Das gesamte deutsche Volk bleibt aufgefordert, in freier Selbstbestimmung die Einheit und Freiheit Deutschlands zu vollenden.‹«[17]

4.2 Das Spannungsfeld der Parteien

Die Konflikte um Verständnis und Definition der Nation verlaufen nicht nur zwischen der Bundesrepublik Deutschland und der DDR, sondern auch zwischen den im Deutschen Bundestag vertretenen Parteien.[1]

4.2.1 Die Position der SPD

4.2.1.1 Der Nation-Gedanke in der SPD des Kaiserreiches und der Weimarer Republik

Kaiserreich

Das vielzitierte Wort Kaiser Wilhelms II. von den Sozialdemokraten als den »vaterlandslosen Gesellen« besaß zweifellos repräsentative Geltung für die Einschätzung der nationalen Solidarität der Sozialdemokraten durch Bürgertum und Adel.[1] Die solcherart abqualifizierte Arbeiterbewegung hatte allerdings auch nicht gezögert, sich öffentlich als Gegner des Reiches zu bekennen.[2] Sozialistische Arbeiterbewegung und nationale Bewegung schienen sich somit gegenseitig auszuschließen. Dieses, ihr viele nachfolgende Jahrzehnte anhängende Image verbarg sehr gründlich, daß zumindest wichtige Teile der Arbeiterbewegung in das »Erbe der demokratisch-liberalen Einigungsbewegung«[3] nach 1848 eingetreten und somit als »Sonderform der national-revolutionären Bewegung«[4] einzustufen waren. Die seit dem Anfang der deutschen Arbeiterbewegung nachweisbaren personellen und programmatischen Verbindungen zur nationalen Einheitsbewegung[5] ergaben sich aus der Allianz ökonomisch-sozialer und politisch-konstitutioneller Reformwünsche sowie der Hoffnung auf deren Realisierung durch die Überwindung der staatlichen Zersplitterung. Deutlich wurde diese Verbindung von sozialen Forderungen und staatlichen Einheitsbestrebungen bei Bebel, der an die Wanderbeschränkungen für Gesellen in den 50er Jahren erinnernd, feststellte: »Aus allen diesen Umständen ist es erklärlich, daß soweit damals in den Köpfen der deutschen Arbeiter politische und soziale Ziele vorhanden waren oder solche bei ihnen zum Durchbruch kamen, sie in der Verwirklichung der deutschen Einheit ... ihr Ideal erblickten, denn welche Schwierigkeiten und Kosten es verursachte, wenn z. B. ein preußischer Handwerksbursche in Sachsen oder Bayern oder umgekehrt sich niederlassen wollte, davon hat man heute keine Vorstellung mehr.«[6]

Arbeiterbewegung

Aus der nationalen Bewegung schied die Arbeiterbewegung in dem Moment aus, als die innen- und außenpolitische Konsolidierung des kleindeutschen Reiches von 1871 und vor allem die Niederschlagung des Kommune-Aufstandes in aller Deutlichkeit eine Machtverschiebung signalisierte, die die jahrzehntelange Hoffnung auf demokratische Reform durch nationalstaatliche Einigung zur Illusion werden ließ.[7] Die Abschaffung der durch das Reich nationalstaatlich institutionalisierten Klassenherrschaft erschien nun nicht mehr durch nationale, sondern vielmehr nur durch internationale Solidarität der Arbeiterklassen denkbar.

Mit Bernsteins Revisionismus kehrte schließlich auch die theoretische Betonung nationaler Faktoren in die ideologische Diskussion zurück.[8] Die Abkehr von der »Utopisterei eines Aufhörens der Nationen und ihres Unterganges in einem formlosen Völkerbrei«[9] vollzog in der Theorie nach, was in der Praxis die Haltung der Arbeiterschaft kennzeichnete: die doppelte Loyalität zur Klasse und zur Nation. Die Entscheidung der Sozialdemokratie für den nationalen Verteidigungskrieg im August 1914 bedeutete aufgrund dieser Bewußtseinshaltung »keine Überraschung«,[10] zumal der patriotische Verteidigungsenthusiasmus der Arbeiterschaft ihr erstmals die Möglichkeit gab, sich der nationalen Begeisterung im Reich uneingeschränkt anzuschließen und somit sich als anerkannter Teil einer nationalen Gemeinschaft zu fühlen.[11] Opposition oder gar Kampf gegen Regierung und Oberste Heeresleitung zur Abkürzung des Krieges erschien ihr daher »nicht denkbar«, weil die höhere Gebundenheit an das Interesse unseres Landes ihr die Schranken zog. »Wir durften nichts tun, was dem Feinde nützte.«[12] Dieser patriotischen Haltung zum Trotz blieb die sozialdemokratische Politik auch während der Weimarer Republik gekennzeichnet von einer ihr seit dem Kaiserreich eigentümlichen Distanz zu nationalen Gefühlswerten,[13] die es ihr unmöglich machte, nach dem Versailler Frieden die sich bildende nationale Opposition an sich zu binden. Der Einheitsgedanke dieser Opposition war vorwiegend nach innen gerichtet: das Volk mußte nach Ansicht des konservativen Nationalismus erneut zur Nation geformt werden. Nach wie vor jedoch propagierten die sozialdemokratischen Aktionsprogramme den Klassenkampf und die internationale Solidarität der Proletarier, auf die besondere Lage des deutschen Volkes, seine Erbitterung über die Grenzregelungen im Osten und Südosten und die Politik der Siegermächte nahmen sie jedoch keinen Bezug. »Trotz ihrer praktischen staatserhaltenden Politik und ihres Eintretens für die Interessen der Nation war die Partei nicht im Stande, das rechte theoretische Verhältnis zur nationalen Frage zu finden und der positiven national- und staatspolitischen Mentalität, von der ihre Praxis Zeugnis ablegte, einen adäquaten ideologischen Ausdruck zu geben.«[14]

4.2.1.2 Das Nation-Verständnis der SPD unter Kurt Schumacher

Drittes Reich

Der Untergang des Dritten Reiches samt seiner ideologischen Pervertierung des Volks- und Nation-Verständnisses, bewirkte insofern eine »historische Weichenstellung in der Tradition des deutschen Nationaldenkens«,[15] als sich alle Parteien im freien Teil Deutschlands fortan zu einem Nation-Begriff bekannten, für den drei Strukturmerkmale[16] kennzeichnend waren:

1. Der durch die Geschichte geläuterte Nationsgedanke nahm in der Rangskala politischer Werte nun einen erheblich niedrigeren Stellenwert ein;
2. Demokratie und Nation verbanden sich in den Konzeptionen der maßgebenden Parteien zu einer wesensmäßigen Einheit, wobei insbesondere seitens der SPD die soziale Frage, die sozialen Konsequenzen aus den nationalen Niederlagen, an diese Einheit angekoppelt wurde.
3. Der Nation-Gedanke wurde zunächst nicht als Gegensatz zur angestrebten supranationalen Vereinigung der Staaten Europas empfunden. Neben der Nation entwickelte sich Europa zu einem neuen, allseits akzeptierten Leitbild.

Kurt Schumacher

Für die Haltung der SPD zu diesem Problemkreis erwies sich einmal mehr Kurt Schumacher als prägende Kraft,[17] zumal dessen Nationverständnis sich weitgehend mit dem der einflußreichen Exilgruppen und Emigranten deckte.[18] Den entscheidenden Fehler in der nationalen Entwicklung der Deutschen erkannte Schumacher und mit ihm die Emigranten im Scheitern der bürgerlichen Revolution und schließlich im Versagen der Arbeiterbewegung nach 1919, als beide Male die Synthese von nationaler Einheit und politischer Demokratie mißlang.[19] Nation also, im Sinne einer sich auf Volkssouveränität und Freiheit berufenden Gemeinschaft – so das Beispiel der westlichen Demokratien –, waren die Deutschen aus dieser Sicht nie gewesen. Während die Partei seit dem Kaiserreich nationalem Gedankengut oft hilflos gegenüberstand, hatte Schumacher nun erkannt, daß die nationale Idee, die in Deutschland zum Nationalismus entartet war, eine angemessene, gleichsam natürliche Bewertung zurückgewinnen und gleichzeitig zu einem demokratischen, sozialemanzipatorischen Begriff werden mußte.[20] Entsprechend stellten Demokratie, Sozialismus und Nation die Grundnormen seiner politischen Gesamtkonzeption dar,[21] wobei ein wechselseitiges Verhältnis zwischen den Normen solcherart bestand, als Demokratie und soziale Emanzipation nur innerhalb der Nation realisierbar waren, die geteilte Nation folglich nur »Halbdemokratie und Halbemanzipation«[22] bedeutete.

Erschien die möglichst rasche Verwirklichung des Sozialismus nur auf der Grundlage der Vereinigung aller Wirtschaftspotentiale des gesamten Deutschlands möglich, so war die Demokratie, die des Sozialismus als Konstituens bedurfte, zwangsläufig ebenfalls nur in einem vereinigten Deutschland lebensfähig: »Mag das Verbrechen des deutschen Nazismus an der Welt auch noch so schwer sein, das deutsche Volk kann und darf nicht darauf verzichten, sein Reich, mögen seine Grenzen auch noch so stark beschränkt sein, als nationales und staatliches Ganzes zu behaupten. Für die arbeitenden Massen sind Idee und Tatsache des deutschen Reiches nicht nur nationalpolitisch, sondern auch klassenpolitisch eine Notwendigkeit. Ihr politischer und wirtschaftlicher Befreiungskampf ist ohne diese Grundlage zur Erfolglosigkeit verurteilt. Darum ist die sozialdemokratische Partei die schärfste und unnachsichtigste Feindin aller Separationsbestrebungen.«[23] Für die Stabilisierung demokratischer Gesinnung war dabei nicht nur die wirtschaftliche Prosperität maßgebend. Demokratie als Lebensform erschien Kurt Schumacher wie auch Carlo Schmid undenkbar ohne nationale Motivation. »Der Grad der Entfaltung der Demokratie ist in erster Linie ein Maßstab für den Willen eines Volkes zur Selbstbehauptung.«[24] Die Wiedervereinigung eines politischen Selbstbewußtseins des deutschen Volkes auf der Grundlage nationaler Selbstbestimmung ergab die unabdingbare Voraussetzung für eine lebensfähige Demokratie im Nachkriegsdeutschland: »Selbstbehauptung der Nation ist eines der wichtigsten Postulate der Demokratie. Kann man doch von Demokratie nur dann sprechen, wo ein Volk selbst in seiner Allgemeinheit innerhalb seiner Grenzen die Inhalte und Formen seiner nationalen Existenz bestimmen kann.«[25] Die Einheit der Nation firmierte als moralisch gerechtfertigte und politisch notwendige Forderung und die SPD als ihr legitimer Vertreter.[26] Sie blieb auch Voraussetzung für die von der Sozialdemokratie seit jeher betonten internationalen Ausrichtung. »Die Internationalität beruht auf der Bejahung der Nation, und die Bejahung der Nation hat die Aufgabe, das Volk zur internationalen Zusammenarbeit fähig und geeignet zu machen.«[27]

Sozialismus

Einheit der Nation

Die von Gabbe auch für die Nachkriegszeit konstatierte »verschwommene Begrifflichkeit«[28] entstand nicht nur durch die Bezugnahme auf unterschiedliche Nation-Begriffe, sondern auch dadurch, daß keiner der verwendeten Begriffe jeweils voll die differenzierte Lage der deutschen Nation erfaßte:

– Ein uneingeschränktes Festhalten an der Staatsnation in den Grenzen von 1937 hatte alle machtpolitischen Veränderungen, vor allem jenseits der Oder-Neiße-Linie, zu ignorieren. Rhetorisch wurden

Oder-Neiße-Linie

auch – allerdings mit abnehmender Häufigkeit – entsprechende Anstrengungen unternommen, doch gab es konzeptionell schon vor Ollenhauers offiziellem ›Offenhalten‹, die Einsicht in die normative Kraft der durch die Sowjetunion gesetzten Fakten.[29]

– Die alleinige Bezugnahme auf die Kulturnation erschien aus zwei Gründen unzureichend. Zum einen hätte dies einen Verzicht auf die staatliche Einheit als politisches Nahziel bedeutet, ein Unterfangen, das für die Partei aus den verschiedenen dargelegten Gründen gänzlich undenkbar war, zum anderen erfaßte die Idee der kulturellen Identität traditionell auch Volksgruppen in Gebieten, die außerhalb der gegebenen und auch angestrebten zukünftigen Grenzen eines deutschen Staates lagen. Das hinderte die Partei nicht daran, jenen Gruppen den Schutz und die Solidarität der nationalen Kulturgemeinschaft zu versprechen, was zu entsprechenden Irritationen im Ausland führte.[30]

Bewußseinsnation

– Bemerkenswert war in jedem Fall die frühe Betonung der Bewußtseinsnation, die prononciert vor allem von Carlo Schmid in die Rechtfertigung der nationalen Ansprüche eingeführt wurde und sozusagen den Ausfall der objektiven Bedingungen kompensieren sollte.[31] Doch bereits zu diesem Zeitpunkt konnte das Operieren mit dieser Kategorie nicht verdecken, daß der Bezug auf die Bewußtseinsnation keine endgültige Lösung der Definitionsproblematik darstellte. Denn während die Partei und auch der Bundestag insgesamt wiederholt den »unerschütterlichen Willen und das Bekenntnis des deutschen Volkes zur Einheit« zum Ausdruck brachte, kam Schumacher nicht umhin zu beklagen, daß es mit dem entsprechenden Bewußtsein zumindest in der Bundesrepublik nicht zum Besten stand: »Die Art, wie kalten Herzens und stumpfsinnig Millionen von Menschen hier im Westen an dem Schicksal der Ostzone und an dem Kampf Berlins vorbeigehen, ist menschlich und national eine Schweinerei.«[32]

Die hier beschriebenen Probleme aus der Geschichte und Tradition der Sozialdemokratie blieben in einer äußerst interessanten Weise für die SPD bis zum gegenwärtigen Zeitpunkt aktuell.[33]

4.2.1.3 Von Schumacher zu Brandt: von der Staatsnation zur Bewußtseinsnation

Dortmunder Aktionsprogramm

Im Vorwort zum Dortmunder Aktionsprogramm 1952 hatte Schumacher seiner Partei gleichsam als Vermächtnis aufgegeben, die »deutsche Einheit in Freiheit und Frieden« als »großes nationales Ziel der Gegenwart« zu begreifen; diese Einheit sei der »Verschmelzung von

Teilen Deutschlands mit anderen Völkern vorzuziehen«.[34] Sein Schlagwort vom »Provisorium Bundesrepublik« wurde zur häufig gebrauchten Rechtfertigung für die Ablehnung wirtschaftlicher wie militärischer Integration, deren »klerikaler, kapitalistischer, kartellistischer und konservativer« Charakter einer Wiedervereinigung nach Meinung Schumachers entgegenwirken mußte. Die wirtschaftliche Kooperation der Nationalstaaten Europas[35] und ein kollektives Sicherheitssystem in Europa[36] ersetzen nun als Programmpunkte Schumachers andere außenpolitische Orientierung, die sozialistische Europaidee.

Die Partei wahrte Schumachers Vermächtnis, als ihre weitere Politik dadurch bestimmt blieb, daß sie deutsche Interessen allen anderen Fragen der Europa- und Weltpolitik vorordnete.[37] Durch ihre Deutschland-Politik bis hin zum Deutschland-Plan 1959 zog sich wie ein roter Faden die Hypothese, die Sowjetunion akzeptiere die Wiedervereinigung, wenn Gesamtdeutschland sich militärisch neutral verhalten, sich also keinem gegen die Sowjetunion gerichteten Militärbündnis anschließen würde.[38] Diese Annahme in konkreten Verhandlungen mit den Sowjets auf ihre Stichhaltigkeit hin zu überprüfen, war die kontinuierliche Forderung an die Regierung. Für den Fall, daß solche Verhandlungen scheiterten, erklärte sich die SPD bereit, die Vorrangigkeit der Wiedervereinigung vor dem Bündnis als Forderung aufzugeben.[39] Nach 10jähriger zunehmender innen- und außenpolitischer Isolation stellte der Deutschland-Plan aber dann doch den letzten Versuch dar, das Dogma vom Primat der Wiedervereinigung am Leben zu erhalten.[40] Ablehnung des Plans im Westen wie Desinteresse im Osten beschleunigten die Neuorientierung der Partei. Auf dem Wege über das Godesberger Programm und Wehners Rede im Bundestag am 30. Juni 1960 akzeptierte die Partei die Vorrangigkeit der Sicherung des freien Teils Deutschlands, ohne jedoch die Einheit aus dem Zielkatalog zu streichen.[41]

60er Jahre

In der ersten Hälfte der 60er Jahre setzte sich diese Akzentverschiebung mit dem wachsenden politischen Gewicht Willy Brandts weiter fort. Die deutschlandpolitische Komponente bestand in der Weigerung, die Teilung Deutschlands völkerrechtlich anzuerkennen, bei gleichzeitiger Bereitschaft, mit der DDR und der Sowjetunion über die innerdeutschen Beziehungen zu verhandeln.[42] Dieser Gedankengang war in der Erkenntnis begründet, »daß es keine andere Aussicht auf die friedliche Wiedervereinigung unseres Volkes gibt als den nicht erlahmenden Versuch, die Erstarrung der Fronten zwischen Ost und West aufzubrechen. Gerade weil das Deutschland-Problem so sehr in das Verhältnis zwischen Ost und West eingebettet ist, gibt es für uns keine Hoffnung, wenn es keinen Wandel gibt«.[43] Ergänzend führte er im Deutschen Bundestag dazu aus: »Die bisherige Wiedervereinigungspolitik ist gescheitert. Es gibt offensichtlich keinen erkennbaren Preis für die Wiedervereinigung außer dem der Aufgabe der Freiheit.«[44] Zur zukünftigen Deutschland-Politik stellte er fest, daß eine Politik der »bloßen politischen Abwehr« nicht ausreiche, denn »noch niemals ist ein diktatorisches Regime durch lethargische Unaktivität daran gehindert worden, neue Forderungen zu stellen. In Ostberlin schaltet man auf den nationalen Ton. Was wir nicht fordern, werden die anderen unter ihrem Zeichen verlangen.«[45]

innerdeutsche Beziehungen

Dieser von Brandt entwickelte Grundgedanke für die westdeutsche Außenpolitik wurde von Egon Bahr in seinem vielbeachteten Vortrag am gleichen Ort im Hinblick auf die innerdeutschen Beziehungen operationalisiert:[46]

1. In Verbindung mit Kennedys Strategie des Friedens ergibt sich für die Bundesrepublik die Aufgabe, ihren Teil zur Entspannung beizutragen.
2. Die Strategie des Friedens schließt eine Politik des Alles oder Nichts aus. Die Wiedervereinigung ist mithin kein einmaliger Akt, sondern ein Prozeß.
3. Die DDR kann dem sowjetischen Einflußbereich nicht entrissen werden, jede Politik zum direkten Sturz des Regimes ist aussichtslos.
4. Unterhalb der Ebene der juristischen Anerkennung gibt es Formen der Zusammenarbeit in Fragen, die zwischen beiden Teilen Deutschlands von praktischem Interesse sind.
5. »Uns hat es zunächst um die Menschen zu gehen und um die Ausschöpfung eines denkbaren und verantwortlichen Versuchs ihre Situation zu erleichtern. Eine materielle Verbesserung müßte eine entspannende Wirkung in der Zone haben.«[47]
6. Man muß dem Regime die Angst nehmen, daß es durch eine Auflockerung der Grenzen und der Mauer zu einem revolutionären Umschlag kommt.
7. »Das ist eine Politik, die man auf die Formel bringen könnte: Wandel durch Annäherung.«[48]
8. »Wandel durch Annäherung ist das Konzept für die Haltung der Nation, solange sie geteilt ist.«[49]

Dortmunder Parteitag

Die Erhaltung des Bewußtseins, einer Nation anzugehören, war der Gedanke, der es der SPD erlaubte, in der vom Dortmunder Parteitag 1966 verabschiedeten Formel vom »qualifizierten, geregelten und zeitlich begrenzten Nebeneinander der beiden Gebiete Deutschlands«, keine Aufgabe, sondern vielmehr ein konsequentes Festhalten an der

Wiedervereinigung zu sehen, das zudem nicht mehr in Widerspruch zu den internationalen Entspannungsbemühungen stand. Zur Betonung der Nation als positives Element sozialdemokratischer Politik führte Brandt auf dem Parteitag aus:

»Auch wenn der Nationalstaat als Organisationsform gewiß nicht das letzte Ziel politischer Ordnung bleibt, die Nation bleibt eine primäre Schicksalsgemeinschaft. Sie bleibt die Hülle unserer inneren Ordnung, wahrscheinlich noch für lange Zeit, selbst im Zeitalter der Großraumverbände. Das innere Gefüge und das Bewußtsein der Nation sind dem europäischen Zusammenschluß gleichgeordnet, ihm nicht einfach untergeordnet. Die Nationen werden in überschaubarer Zukunft ebensowenig verschwinden, wie die Staaten absterben ...

Diese Einstellung berechtigt uns, eindringlich, verantwortungsbewußt nach dem Selbstbestimmungsrecht zu fragen, uns als Nation zu verwirklichen, unser Selbstverständnis zu finden und damit unseren Beitrag zu leisten, daß Europas Mitte gesundet.«[50]

Selbstbestimmungsrecht

4.2.1.4 Der Nation-Begriff der SPD seit der Kanzlerschaft Willy Brandts

Als Kompensation für die Kodifizierung des Status quo der Teilung erhielt der Nation-Gedanke in der Ostpolitik Brandts die Funktion, »das Band um das gespaltene Deutschland«[51] darzustellen. Aus der Existenz der einen Nation leitete diese Politik ihren Anspruch ab, das Selbstbestimmungsrecht aller Deutschen als politisches Ziel weiter zu verfolgen.[52]

These von den zwei Staaten einer Nation

Die These von den zwei Staaten einer Nation beruhte folglich auf einem Nationverständnis, das sich unabhängig machte von einer existentiellen Bindung an den Staat. Das entscheidende Wesensmerkmal dieses Nationgedankens bestand vielmehr in einem »fortdauernden Zusammengehörigkeitsgefühl der Menschen eines Volkes.«[53] Nicht der Staat formte demnach die Nation im Sinne des traditionellen Begriffs der Staatsnation, sondern das Bewußtsein, einem Volk, einer Kulturgemeinschaft anzugehören. Die staatenumfassende Funktion, die diesem Bewußtsein zukam, betonte Brandt gerade auch gegenüber dem Vorsitzenden des Ministerrates der DDR, Willi Stoph: »Nation aus unserer Sicht umfaßt mehr als gemeinsame Sprache und Kultur, aber auch mehr als Staats- und Gesellschaftsordnung. Sie beruht auf dem Zusammengehörigkeitsgefühl der Menschen. Und in diesem Sinne gibt es unserer Meinung nach eine Einheit der Nation. Die Einheit der Nation kann weder durch Sie noch durch uns abgeschafft werden ... So bestreitet niemand von uns, daß das praktische Leben beider Teile der Nation durch die staatliche und gesellschaftspolitische Entwicklung in vielen Bereichen unterschiedlich verläuft. Dennoch verbindet die Deutschen auch heute nicht nur die gemeinsame Sprache, die gemeinsame Geschichte, ein weiterlebendes, fortdauerndes Gefühl der Zusammengehörigkeit, sondern auch das gemeinsame Schicksal der Spaltung durch den Zweiten Weltkrieg und seine Ergebnisse. Andererseits verbindet uns, wie ich hoffe ... das Bewußtsein der Verantwortung und der besonderen Entwicklung für die Sicherung und Erhaltung des Friedens und des Schutzes der Völker vor der Verletzung ihres Selbstbestimmungsrechtes.«[54]

Der Nationgedanke der SPD bezog sich also nunmehr auf das Bewußtsein der Zusammengehörigkeit der Deutschen und ihren Willen, dieses Bewußtsein zu betonen und zu bewahren. Er unterschied sich damit zu dem von Schumacher verwendeten Begriff durch diese Betonung und die Abkehr von der Identität von Nation und Reich. Er gab für Schumacher die Wiederherstellung der staatlichen Einheit der Nation darüber hinaus erst die notwendige Grundlage für die Entwicklung eines neuen auf Demokratie und soziale Emanzipation bezogenen Selbstwertgefühls, so änderte sich auch in dieser Hinsicht der Stellenwert, den die Nation in der Politik der SPD einnahm. In der Neuakzentuierung des Nationverständnisses versinnbildlichte sich der Paradigmawechsel, den die SPD in der Außen- und Ostpolitik vornahm. Von der Wiederherstellung der staatlichen Einheit wurde das Schwergewicht der Deutschlandpolitik auf die Erhaltung des Zusammengehörigkeitsgefühls der Menschen in den beiden Staaten durch die Intensivierung innerdeutscher Beziehungen verlagert. In seiner ersten Regierungserklärung trug Brandt dieser Zielsetzung Rechnung, indem er bereits im ersten Satz die »Wahrung des Zusammenhalts der deutschen Nation« zur »Aufgabe der praktischen Politik« erhob.[55] Die »Entkrampfung« des beiderseitigen Verhältnisses, der Übergang von einem »geregelten Nebeneinander zu einem Miteinander« durch vertraglich vereinbarte Zusammenarbeit sollten die Methoden zur Erreichung dieses Ziels darstellen.[56] Brandt betonte in seiner ersten Regierungserklärung als Bundeskanzler am 28. 10. 1969 die noch bestehende Einheit der Nation: »Aufgabe der praktischen Politik in den jetzt vor uns liegenden Jahren ist es, die Einheit der Nation dadurch zu wahren, daß das Verhältnis zwischen den Teilen Deutschlands aus der gegenwärtigen Verkrampfung gelöst wird. Die Deutschen sind nicht nur durch ihre Sprache und ihre Geschichte – mit ihrem Glanz und ihrem Elend – verbunden; wir sind alle in Deutschland zu Hause. Wir haben auch noch gemeinsame Aufgaben und gemeinsame Verantwortung: für den Frie-

Regierungserklärung Brandts

den unter uns und in Europa.«[57] Brandt betonte also eine Komponente, die zwar politische Akzente trägt, aber nicht die trennende staatliche Ebene in den Vordergrund rückt: die gemeinsame Aufgabe für den Frieden. Die normative Grundlage dieses Konzepts ist also nicht in der staatlichen Wirklichkeit der Bundesrepublik geborgen, sondern in einer sehr allgemeinen Zielperspektive. Die Ein- und Unterordnung der Politik zur Lösung der nationalen Frage in die internationale Politik der Entspannung um des Friedens willen, markierte dreierlei:

Politik Brandts

- Erstens, die Zusage, nicht zur Politik Schumachers und der Nachkriegs-SPD zurückzukehren, die die Wiedervereinigung zur alleingültigen Maxime der deutschen, ja der gesamten internationalen Politik erhoben hatte;
- Zweitens, eine Veränderung des Status quo nicht gegen den Willen der betroffenen Staaten anzustreben;
- Drittens, der Nation-Begriff als solcher behielt generell eine positive Bedeutung für die SPD, doch hatte sich sein Stellenwert im Vergleich zur Zeit Schumachers erheblich verändert.

Mehrfach wurde bereits deutlich, daß die SPD ihren Nation-Begriff aus der deutschen Geschichte, nicht aber aus dem Kaiserreich von 1871 ableitete. Diese Distanz zeitigte nicht nur Parallelen zur Haltung der damaligen Arbeiterbewegung, sondern implizierte auch die Ungebundenheit des Nationgedankens von territorialen Fixierungen. Willy Brandt formulierte dazu: »Die Lösung von vor hundert Jahren entsprach den damaligen Einsichten und Möglichkeiten. Die weltpolitische Situation heute verlangt neue Formen des politischen Zusammenlebens und Zusammenwirkens der Deutschen ... das Ereignis von 1871 kann heute kein Vorbild sein ...«[58]

Vor diesem Hintergrund stellte sich die Frage, zu welchen Formen des Zusammenlebens der Deutschen eine zukünftige Realisierung des Selbstbestimmungsrechtes führen werde. Auf der Suche nach der Antwort in den Reden Brandts fällt auf, daß dort – in der Edition seiner Reden – nur ein einziges Mal das Wort ›Wiedervereinigung‹ auftauchte und das auch nur in Verbindung mit dem negativ besetzten Prädikat »erzwingen.«[59] Diese auffällige Meidung des Wortes ›Wiedervereinigung‹ erläuterte Brandt: »Die Bürger unserer Staaten sind realistisch genug, um zu wissen, daß nicht einmal dann, wenn auf beiden Seiten der gleiche Wille vorhanden wäre, die beiden Regierungschefs heute die staatliche Einheit herstellen könnten. Die Weltlage würde dies nicht gestatten, ohne daß eine gefährliche Unruhe hervorgerufen würde.«[60]

Wiedervereinigung

Die Unmöglichkeit einer Wiedervereinigung gründe sich weiter nicht nur auf den Antagonismus der beiden Weltmächte,[61] sondern auch auf die durch diesen Antagonismus bestimmte unterschiedliche Entwicklung der beiden Teile Deutschlands: »... ich habe zunehmend den Eindruck..., daß dieses Wort (Wiedervereinigung) dem schwierigen Gegenstand nicht gerecht wurde... Wie immer sich die nationale Einheit der Deutschen verwirklichen mag, sie wird nicht bedeuten, daß einfach wiederhergestellt wird, was einmal war. Nach mehr als 25 Jahren der Teilung und damit einer sehr unterschiedlichen, staatlichen, wirtschaftlichen, rechtlichen und gesellschaftlichen Entwicklung wird man die beiden Teile nicht einfach wieder zusammensetzen können ...«[62] Die wichtigsten Komponenten des Nationverständnisses der SPD sind damit skizziert. Brandts Nachfolger im Amt des Bundeskanzlers hat keine wesentlichen neuen Akzente gesetzt. Schmidt hat sich diesem Thema vielmehr nur äußerst zögernd zugewandt, sich sehr stark auf Brandt berufend. Einige Gesichtspunkte sollten dennoch bei Helmut Schmidt festgehalten werden:

Helmut Schmidts Deutschlandpolitik

- Auch er betont die Notwendigkeit der Einbettung der Deutschlandpolitik in die internationale Politik. In dem Bericht zur Lage der Nation 1978 verwies Schmidt eine Erklärung des ehemaligen Kanzlers Kiesinger von 1967 aufnehmend auf die »kritische Größenordnung«, die ein wiedervereinigtes Deutschland für die »Balance der Kräfte« besitzen würde. Folglich sei es unwahrscheinlich, daß sich diese kritische Größe bei der gegenwärtigen politischen Struktur in Europa »der einen oder anderen Seite ohne weiteres zugesellen« könnte. »Eben darum kann man das Zusammenwachsen der getrennten Teile Deutschlands nur eingebettet sehen in den Prozeß der Überwindung des Ost-West-Konfliktes in Europa.«[63]
  Im übrigen hatte Schmidt bereits in seinem ersten Bericht zur Lage der Nation, 1975, Brandts Leistung gewürdigt, »gerade noch rechtzeitig« verhindert zu haben, daß die Weltpolitik der 70er Jahre »zu ihrer eigenen, zu einer anderen Tagesordnung« als die deutsche Politik übergehe.[64] Schmidts an gleicher Stelle vorgetragene kurze Abriß der Deutschlandpolitik seit Beginn der 60er Jahre, unterstrich nachdrücklich, daß auch seine Politik in Konsequenz dieser Betrachtung als Aufgabe betrachtete, Deutschland nicht (wieder) zu einem Hindernis für die Entspannung werden zu lassen.
- Die Ermöglichung menschlicher Kontakte auf der Grundlage einer Politik der Intensivierung der beiden deutschen Staaten gemeinsamen Interessen, blieb auch bei Schmidt zentrales Element der Deutschlandpolitik. Er betonte das »nationale Interesse am Dialog« mit der DDR allen Schwierigkeiten und »Stimmungen« zum Trotz

und verwies darauf, daß allein eine »Politik der Herstellung gutnachbarlicher Beziehungen, der Erleichterung menschlicher Kontakte und der praktischen Zusammenarbeit«, geeignet sei, »ein Auseinanderleben der Deutschen während der Zeit der uns auferlegten Trennung zu verhindern«.
Die Überwindung der Isolation durch die Anerkennung der Realität ›DDR‹ brachte zugleich ein Interesse an der Stabilität des Verhandlungspartners mit sich.[65]

- Alle Komponenten des von Brandt betonten Bewußtseinsnationgedankens finden sich auch in Schmidts Bericht zur Lage der Nation von 1978 wieder. So beschrieb er es als Aufgabe der Politik, »das Bewußtsein einer gemeinsamen historischen Identität, einer gemeinsamen politischen und kulturellen Identität zu stärken« und »das Bewußtsein der nationalen Identität zu erhalten und zu stärken.«[66] Alle Teilaspekte der Kulturgemeinschaft, kultureller, wirtschaftlicher und menschlicher Zusammenhang seien seit 1969 gewahrt geblieben.
- Während bei Brandt der Nationgedanke generell ein eindeutig positives Bestimmungselement der Politik darstellte, ist dies für Schmidt nach der Analyse der Regierungserklärungen und der Berichte zur Lage der Nation nicht so offensichtlich nachzuvollziehen. Zwar erklärte er 1975: »Ich für meine Person ... bin überzeugt, daß sich die Nation auch in Zukunft als ein starkes Element erweisen wird ... Die deutsch-deutschen Kriege vergangener Jahrhunderte haben die Nation nicht ausgelöscht ...«;[67] doch fällt im Vergleich zu Brandt auf, daß Schmidt ansonsten von der Deutschlandpolitik, wo der Nation-Begriff zwar von entscheidender Bedeutung ist, abgesehen, keinen Bezug auf die Nation als Element der Europa- und Außenpolitik nimmt.

4.2.2 Die Position der CDU

Nationbegriff der CDU

Wie bei vielen anderen politischen Fragen, so hat die CDU auch bei dem Problem der Nation ihre Bemühungen nicht auf eine bloß theoretische Abklärung konzentriert, sondern vielmehr ihre Position durch ihre praktische Politik zu verdeutlichen versucht.[1] Insofern kann man bei ihr zwei Phasen im Umgang mit dem Nationbegriff unterscheiden: eine erste Phase, in der sie aus ihrer Regierungsverantwortung dieser Frage über ihr Handeln im politischen Alltag begegnete und eine zweite Phase, in der sie aus der Opposition heraus ihre Auffassung auch in diesem Punkt grundsätzlicher und präziser zu umreißen versuchte.

Ära Adenauer

In der Literatur zur Ära Adenauer wird immer wieder Zweifel laut gegenüber dem Willen des ersten Bonner Bundeskanzlers zur Einheit der Nation. Wollte Adenauer überhaupt eine Wiederherstellung der Einheit der Nation? Oder beschränkte er sich nicht vielmehr auf pflichtgemäß zu deklamierende Lippenbekenntnisse, die nicht von der Entschlußkraft seines politischen Willens fundiert wurden? Golo Mann nähert sich der Beantwortung dieser Frage, indem er konzediert, daß Adenauer sich solchen Vermutungen nicht habe erwehren können, wozu es auch einige naheliegende Gründe gebe, nämlich »die unguten Erfahrungen, die Adenauer mit dem ›Reich‹ gemacht hatte, Erwägungen über das europäische Gleichgewicht, Sympathien und Antipathien des Rheinländers, auch konfessionelle, auch parteipolitische Interessen«.[2] Golo Mann meint jedoch, durch Adenauers Memoiren überzeugt, daß der Vorwurf mangelnden Willens zur Einheit der Nation ungerechtfertigt erhoben werde: »Nach der Lektüre des zweiten Bandes glaube ich das nicht mehr. Man kann nicht über 500 Seiten so konsequent lügen; eine Persönlichkeit vom Ernste Adenauers kann das nicht. Zudem finden sich in dem Band Briefe, die ursprünglich kaum für die Öffentlichkeit bestimmt waren, aber das, was für die Öffentlichkeit bestimmt war, erklärten.«[3] Doch auch bei ausgeprägtem Bemühen um eine alle Faktoren berücksichtigende Beurteilung traten immer wieder Irritationen auf, die Hermann Proebst in der »Süddeutschen Zeitung« vom 15. Oktober 1963 subtil in Worte faßte: »Durch den von Adenauer in Gang gesetzten Prozeß der beiläufigen praktischen Anpassung an die jeweils der Regelung bedürftige Lage entwickelte sich die Bundesrepublik zu einer Art von Zwitterwesen: einerseits ein brandneuer Staat ohne Voraussetzung oder Tradition, andererseits ein Gebilde, das auf jede mögliche und auch unmögliche Weise bestimmte Ansprüche aus einer quasi Rechtsnachfolge nach dem entschwundenen Reich sowohl erhebt als auch bezahlt. Und dies ohne erkennbare Aussicht, die Nachfolge jemals antreten zu können. Solche Widersprüchlichkeiten mehr grundsätzlicher Art verwirrten immer bloß Adenauers Widersacher; ihn selber haben sie nie gestört.

Er setzte sich nicht einmal auseinander; von vornherein entschlossen, »sich zu behaupten und zu steigern« – was Burckhardt für eine Vorbedingung historischer Größe hielt –, »schritt er unbeirrt weiter und erwartete im übrigen geduldig den ihm seit Oberbürgermeister-Tagen vertrauten Triumph des Rechtbehaltens.«[4] Adenauer war sich durchaus der schwerwiegenden Problematik kollektiver Identifikation bewußt, auch gerade was ihre spezifischen Akzente in Deutschland anbetraf. Sicherlich dachte er auch daran, manchen Freiraum des frustrier-

Problematik kollektiver Identifikation

ten deutschen Nationalgefühls mit einer emotionalen Bindung an Europa auszugleichen. Denn genau auf diesen Effekt zielte er wohl ab, als er in einer Rede erklärte: »Darum haben wir uns mit ganzer Kraft gewidmet dem Werk der europäischen Integration, weil dieses Europa unser Vaterland mit einschließt und weil es im weiteren Sinne des Wortes auch unser Vaterland ist, und weil wir nur auf diesem Wege unseren Kindern und Kindeskindern Aussicht schaffen konnten für ein Leben in Ruhe und Zufriedenheit.«[5]

Adenauer war offensichtlich bestrebt, immer mehrere Bezüge kollektiver Identifikation herzustellen. Bevor wir jedoch diesen Aspekt vertiefen, erscheint es sinnvoll, zunächst den konkreteren Bedeutungsinhalt auszumachen, mit dem Adenauer den Begriff der ›Nation‹ versah. Dies erweist sich allerdings als durchaus schwieriges Unterfangen, als zwar der Begriff der Nation wohl seinen Platz im Gefüge der Koordinationen, Prinzipien und Konzepte deutscher Außenpolitik einnimmt, jedoch gerade solche Grundbegriffe sich wandeln und abnutzen. Nicht nur die im allgemeinen starke emotionale Aufladung des Begriffs der Nation erschwert dabei eine zweckmäßige Klärung, sondern vor allem die Tatsache, daß dieser Begriff nicht rein theoretisch konzipiert und von vornherein definiert worden ist, vielmehr aus dem vielfältig schillernden Wortgebrauch des Alltags stammt. Adenauer selbst benutzte den Begriff der Nation zunächst, vor allem in den ersten Nachkriegsjahren, relativ unpräzise, verschwommen und wenig reflektiert.[6] »Wir wollen ›national‹ das ist ›patriotisch‹ sein«, meinte er im Januar 1949 vor Bonner Studenten.[7] Fast stereotyp häufig traten in seinen Reden Worte wie ›unser Volk‹ oder ›unser deutsches Volk‹ auf. Im Laufe der Zeit vermittelte Adenauer allerdings zunehmend den Eindruck einer reflektierteren Begriffswahl.

Vier Aspekte spielten in diesem Zusammenhang für Adenauer eine wesentliche Rolle:

1. Das Bewußtsein nationaler Gegebenheiten besitzt im Gefüge der politischen Ziele immer nur relative Bedeutung; hohe Priorität kommt Werten wie Freiheit und Gerechtigkeit zu.
2. Eine Trennung der nationalen Willenskomponente von eindeutigen, positiven politischen Zielsetzungen ist keine akzeptable Möglichkeit verantwortlichen Handelns.
3. Die Forderung nach Pflege des Gemeinsamen darf den Blick nicht verstellen für die Notwendigkeit demokratischer Konsensbildung und freiheitlicher Konfliktaustragung.
4. Ein entkrampftes Verhältnis zu nationalem Bewußtsein geht davon aus, daß dieses nicht eine Größe ist, die man willkürlich ablehnen

nationales Bewußtsein

oder willkürlich konstruieren kann, sondern daß dies eine faktische Gegebenheit ist, die sich allerdings wandelt und die sich dabei als beeinflußbar erweist.

Konrad Adenauer sah offensichtlich Tragweite und Problematik jenes Unterfangens, das so beschriebene, relativierte Verständnis von der Nation greifbar werden zu lassen. Zumindest deutete er dies an, als er in seiner Rede vor dem ›American Committee on United Europe‹ in New York im April 1953 um Geduld bat, falls die europäische Entwicklung sich nicht mit der erhofften Schnelligkeit vollziehe: »Auch ich bin oft sehr ungeduldig. Aber vergessen wir nicht, daß in mehr als zweitausend Jahren europäischer Geschichte innerhalb Europas Dämme aufgeworfen worden sind, die man nicht in wenigen Monaten abtragen kann. Was sich in Europa in diesen Jahren vollzieht, ist wahrhaft revolutionär. Tief eingewurzelte Anschauungen müssen über Bord geworfen werden. Die gesamte politische Erziehung der europäischen Völker, die an der Idee der Nation als dem letzten Wert politischer Entscheidung orientiert war, muß umgestellt werden. Das geht nicht von heute auf morgen. Darum ist es uns so wichtig, die Jugend der europäischen Völker auf unserer Seite zu haben. Dort liegt unsere ganze Hoffnung: bei der frischen, unbefangenen, von störenden Erinnerungen unbeschwerten Gestaltungskraft von Menschen, die mehr in die Zukunft blicken als in die Vergangenheit.«[8]

Europäische Einigung

Diese Relativierung der Nation, diese Reduzierung nationaler Gemeinschaftsbezüge war Adenauers Verständnis – bei allem Respekt vor dem dann vorhandenen Substrat. Nur dieser Kern schien ihm, verglichen mit dem bis dahin Erlebten unter die Disziplin politischer Vernunft zu bringen zu sein.[9] Dieses Faktum hatte er im Auge, wenn er von der »wahrhaft revolutionären« Notwendigkeit sprach, die Idee der Nation als letzten Wert abzulösen.[10] Der Relativierung des Nationenverständnisses galten zahlreiche Ausführungen,[11] so beispielsweise auch folgende: »Wir mußten in Europa loskommen von dem Denken in nationalstaatlichen Begriffen.«[12] In anderem Zusammenhang formulierte er: »Die europäischen Nationalstaaten hatten meines Erachtens eine Vergangenheit, aber keine Zukunft. Das galt im politischen, wirtschaftlichen, wie auch im sozialen Bereich. Kein einzelner europäischer Staat konnte aus eigener Kraft seiner Bevölkerung eine sichere Zukunft garantieren.«[13] Der Relativität, aber auch der Vielfalt der Gemeinschaftsbezüge galt Adenauers Augenmerk. Er hielt die Konstruktion einer diametral entgegengesetzten Alternative von Integration und Nation »für einen sehr verhängnisvollen Irrtum«.[14] Vielmehr gelte es, den vernünftigen Sinn und das einigende Band in dieser Vielfalt zu sehen. In einem Interview erklärte er auf eine entsprechende Frage: »Ja, manche scheinen sich das so vorzustellen, als hätten wir hier einen Schmelztiegel, aus dem eine graue und einförmige Masse hervorgehen müßte und das sei dann Europa. Dagegen wehrt sich dann nicht nur der vielgeschmähte Nationalismus, sondern der gesunde Sinn für Eigenes und Überliefertes. Aber Europa soll gar nicht gleichgeschaltet werden. Sein größter Reiz und Reichtum liegt in der Mannigfaltigkeit. Das Gemeinsame in dieser Mannigfaltigkeit herauszuarbeiten, das ist die Aufgabe. Das Verschiedene zu einer Einheit zu verbinden, das ist die Aufgabe. Das ist ja gerade das Gesunde an einem richtig verstandenen Föderalismus, daß es weiter Franzosen, Italiener, Deutsche, Holländer, Belgier, Luxemburger geben wird in der größeren europäischen Heimat. Hier entsteht etwas Neues, ohne daß das Alte vernichtet wird. Das Nationale bleibt, nur ist es nicht mehr das Letzte und Höchste. Der Verzicht auf absolute Souveränität ist nicht dem Verzicht auf persönliche Werte gleichzusetzen. Solidarität tritt an die Stelle einzelner Egoismen. So ist es ja auch in jeder menschlichen Familie. Eine Völkerfamilie ist etwas sehr Ähnliches.«[15]

Bundesrepublik Deutschland in westlicher Integration

Für Konrad Adenauer stand außer Zweifel, daß sich die zukunftsorientierte Willenskomponente von nationaler Gemeinsamkeit in enger Bindung befinden muß an jene Grundsätze und Normen, die den Staat Bundesrepublik Deutschland konstituieren und die seine Integration in die europäische und atlantische Gemeinschaft als logische Konsequenz erfahrbar machen. Jener Primat der Freiheit vor der Einheit kam in seinem Verständnis zum Ausdruck, das die politische Ordnung der Bundesrepublik nicht als bloß vordergründige Wirklichkeit empfand, die man um anderer Gemeinsamkeiten willen vernachlässigen konnte. Die Bindung der Nation an einen positiven Wert, an den Begriff der Freiheit, durfte, auch aus leidvollen historischen Erfahrungen, in Adenauers Sicht nicht einmal feine Haarrisse erhalten. Diese absolute Dominanz des Freiheitsaspekts wird deutlich, wenn Adenauer davon spricht, »die Sowjetzone und die Gebiete jenseits der Oder und Neiße für die Freiheit zurückzugewinnen«.[16] An anderer Stelle formulierte er als Ziel seiner Politik: »Wiedervereinigung Deutschlands in Frieden und Freiheit in einem freien Europa.«[17]

Der Begriff der Nation war für Adenauer also kein abstraktes Schema, keine formale Regelung, sondern er war fixiert an bestimmten Werten. Diese wertorientierte Aufladung des Begriffs der Nation war identisch mit jener materiellen Grundbestimmung des Begriffes ›Europa‹. In dieser Parallelität wertbezogener Begriffsfixierung hob sich für Adenauer die von anderen empfundene Antinomie von Integration und

Nation auf. Dies war für ihn ein Denkvorgang, der durch und durch den Charakter des Selbstverständlichen trug; darüber zerbrach er sich nicht den Kopf; hier gab es nichts, was ihm einer Problematisierung wert erschienen wäre. In dieser aus identischer Wertaufladung resultierenden Selbstverständlichkeit liegt der Zugang für die viele Beobachter frappierende Fraglosigkeit und, wenn man so will, auch geringe Argumentationsdichte, die sich bei Adenauer in dieser Grundfrage festhalten läßt. Denn wenn der Begriff der Nation denknotwendig mit den Begriffen der politischen Freiheit und der internationalen Solidarität verbunden wird, so entfällt die Antinomie zwischen der Politik europäischer Integration und der gesamtdeutschen Option; sie verliert zumindest an Virulenz. Denn eine Vereinigung in Freiheit ist auch in der Form vorstellbar, daß beide Teile, möglicherweise ohne Wiedervereinigung im nationalstaatlichen Sinn, in ein vereinigtes, freies Europa eingebracht werden. Also ist eine freiheitliche Lösung der deutschen Frage nicht auf eine nationalstaatliche Lösung angewiesen. Vielmehr ist in dieser Sicht in der fortschreitenden Realisierung der fundamentalen Werte politischer Freiheit die nationale Option mit den Ansprüchen europäischer Solidarität versöhnt.

Begriff der Nation

Aus dieser eindeutigen Bindung des politischen Willens an die politische Grundsubstanz des in die europäische Gemeinschaft integrierten Staates der Bundesrepublik Deutschland entfiel für Adenauers Verständnis der Grund, diesen Staat nur zurückhaltend, mit Vorbehalten, als eine bloß provisorische Größe akzeptieren zu können. Soweit man dies von einer historischen Erscheinung überhaupt sagen kann, empfand er diesen Staat im Grundgefüge seiner Normen als Definitivum. Gleichgültig welche Modalitäten weitergehender Integration die Bundesrepublik wählen würde, sie würde ihre volle politische Grundsubstanz als moderner Verfassungsstaat einbringen müssen.

Diese enge Bindung des Nationbegriffs an die Wertsubstanz des demokratischen Verfassungsstaates der Bundesrepublik Deutschland markiert die Position der CDU bis zum heutigen Tage.

›Wir bewahren diese Nation‹, erklärte Kurt Georg Kiesinger 1970 im Deutschen Bundestag in der Aussprache über den Bericht zur Lage der Nation,[18] »indem wir künftig die Einheit des Staates dieser Nation wiederherstellen wollen«. Und weiter formulierte er: »Ich habe versucht, in Ihrem Bericht einen Passus zu finden, in dem, wenn Sie schon das Wort ›Wiedervereinigung‹ nicht mehr in den Mund nehmen mögen, dann wenigstens gestanden hätte, daß Ihr Ziel auch die Herstellung der nationalen und staatlichen Einheit Deutschlands sei. Aber eben dieser Satz fehlt. Nein, wir sind und bleiben der Überzeugung, daß die Bewahrung und Herstellung der nationalen und staatlichen Einheit Deutschlands unser Ziel bleiben muß und daß wir davon nicht abgehen dürfen. Wenn Sie schon von der Existenz zweier deutscher Staaten in Deutschland, auf deutschem Boden ausgehen – Sie wissen, daß wir diese These ablehnen –, wenn Sie schon davon ausgehen, daß es zwei solche deutsche Staaten gibt, die unter sich nicht Ausland seien – jene merkwürdige magische Formel –, und daß daher von uns auch keine völkerrechtliche Anerkennung der DDR zu erwarten sei, warum fehlt dann in der Regierungserklärung der Hinweis auf die Abwehr der Anerkennung der DDR durch dritte Staaten? ... daß wir uns nun mit der Existenz zweier deutscher Staaten abgefunden haben und daß sich in dieser Wirklichkeit nur noch die Einheit der Nation, aber nicht mehr die staatliche Einheit erreichen läßt. Wenn Sie wollen, daß es in Zukunft eine gemeinsame Deutschlandpolitik gibt, dann müssen Sie als Ihr Ziel nicht nur die Bewahrung der nationalen, sondern die Erreichung der staatlichen Einheit der deutschen Nation setzen.«

Anerkennung der DDR

Noch als Bundeskanzler amtierend erklärte Kiesinger am 25. 4. 1969 vor dem Deutschen Bundestag[19]:

»Wir haben in diesem Hause schon des öfteren über die Fragwürdigkeit des Begriffs der Anerkennung gesprochen. Ich habe in der Debatte am 13. Oktober 1967 gesagt, daß man natürlich immer mit Worten streiten könne, daß man auch darüber streiten könne, was der eine oder andere unter Anerkennung verstehe. Man kann Unterschiede machen. Ich habe heute allerlei gehört: Anerkennung als Staat; staatliche Anerkennung, aber nicht völkerrechtliche Anerkennung; völkerrechtliche Anerkennung, aber nicht so, daß wir zueinander im Verhältnis von Ausland zu Ausland stehen – so etwas fiel auch –. Wenn man in der Tat davon überzeugt ist, daß der Begriff Anerkennung diffus ist, muß man zugleich auch wissen, daß er gefährlich ist.

Wenn man völkerrechtliche Anerkennung nicht meint, sollte man lieber einen anderen Ausdruck gebrauchen, etwa den Ausdruck, den der Koalitionspartner benutzt hat, daß man die Wirklichkeit nicht leugnen könne, an der Wirklichkeit nicht vorbeigehen könne ...

Wenn nach der traditionellen Staatslehre zum Begriff eines Staats drei Elemente gehören: Staatsgebiet, Staatsvolk und oberste Gewalt, dann möchte ich doch Ihre Aufmerksamkeit darauf lenken, daß im Begriff des Staatsvolks mehr steckt als nur eine Gruppe von Menschen, die von einem illegitimen Regime beherrscht wird.

Ich gebe Ihnen zu bedenken, daß zum Begriff des Staatsvolks wohl doch gehören muß, daß sich die von einem illegitimen Regime beherrschte Gruppe von Menschen selbst als Staatsvolk, d. h. als Volk eines eigenen, souveränen Staates, begreifen will. Das ist eben nach unserer Meinung – und ich hoffe, nach unser aller Meinung – drüben nicht der Fall ... Herr Ulbricht spricht von einem ›sozialistischen Staat deutscher Nation‹. Gut, wir halten ihn daran fest, daß er von einer deutschen Nation gesprochen hat. Aber er meint, daß in diesem sozialistischen Staat ein sich zu diesem sozialistischen Staat bekennendes Staatsvolk vorhanden sei. Das bestreiten wir ...

Wiedervereinigung

Wir haben nun seit der Gründung der Bundesrepublik, wir alle zusammen, Parlament und Regierung und viele außerhalb von Parlament und Regierung, auf immer neue Weise über die Frage nachgedacht, wie wir weiterkommen könnten in dem dringlichen Anliegen der deutschen Wiedervereinigung. Dringlich bedeutet aber nicht, daß man jeden Augenblick irgend etwas unternehmen muß. Es ist die Rede davon gewesen, Untätigkeit führe niemals zum Ziel. Gewiß! Aber wir wissen auch, daß man nicht tätig werden kann in einer politischen Situation, in der sich für ein solches Tätigwerden überhaupt keine Chance anbietet. Dann ist nämlich Tätigwerden nicht nur erfolglos, sondern wird notwendigerweise zu einer politischen Niederlage.

Wir wollen nicht untätig bleiben. Wir halten unsere Hand ausgestreckt. Wir wollen verhandeln mit drüben. Wir wollen auch mit der Sowjetunion verhandeln, wenn sie zu einer solchen Verhandlung bereit ist, aber nicht unter der Bedingung der Anerkennung der sogenannten Realitäten. Das ist eben die bitterste aller Realitäten, daß die Sowjetunion von uns die Anerkennung des Status quo als Ergebnis des Zweiten Weltkriegs verlangt. Jedesmal, wenn wir Gespräche vorschlagen, wird uns die Anerkennung dieser angeblichen Realitäten, die auch als Rechtsrealitäten aufgefaßt werden, vorgeschlagen. Das ist eine bittere Situation, und wir sollten endlich aufhören, uns gegenseitig diese bittere Tatsache zum Vorwurf zu machen.«

70er Jahre

Die deutschlandpolitischen Wandlungen der 70er Jahre haben für die CDU zwar erhebliche Irritationen, belastende innerparteiliche Kontroversen und schwerwiegende Anpassungsschwierigkeiten an die neuen Gegebenheiten gebracht,[20] aber die Kontinuität des Nation-Gedankens nicht in Frage gestellt, eher noch stärker betont. Einige Zitate können dies illustrieren:

Richard von Weizsäcker führte am 24. 2. 1972 vor dem Deutschen Bundestag aus[21]:

»Vielmehr müssen wir daraus auch die Lehre ziehen, daß auch unter

uns in der innenpolitischen Auseinandersetzung Bemühungen um Gemeinsamkeit im Verständnis dessen, was den Inhalt der Nation ausmacht, dringend notwendig sind.
Ich meine, Nation ist ein Inbegriff von gemeinsamer Vergangenheit und Zukunft, von Sprache und Kultur, von Bewußtsein und Wille, von Staat und Gebiet. Mit allen Fehlern, mit allen Irrtümern des Zeitgeistes und doch mit dem gemeinsamen Willen und Bewußtsein hat diesen unseren Nationbegriff das Jahr 1871 geprägt. Von daher – und nur von daher – wissen wir heute, daß wir uns als Deutsche fühlen. Das ist bisher durch nichts anderes ersetzt.
Leider aber haben wir im Jubiläumsjahr der Reichsgründung, also im letzten Jahr, statt dessen von hoher und besonders hoher Stelle andere, zumeist kritische Äußerungen zu dieser Nation gehört. Es war vorwiegend die Rede vom Widerstand weiter Teile der Gesellschaft gegen diese Nation, vom Riß zwischen Demokratie und Nation, von der Nation als dem Feld zur Erreichung gesellschaftspolitischer Ziele. Natürlich war sie unvollkommen. Natürlich gibt es in unserer Gesellschaft heute mehr Integration als damals. Und auch nichts gegen gesellschaftspolitische Ziele! Es ist die Aufgabe von uns, von den Parteien, um diese Ziele demokratisch zu wetteifern. Aber die Nation muß diesem Wettkampffeld übergeordnet bleiben. Jeder von uns fühlt sich als Deutscher auch dann, wenn er sich in diesem Wettkampf noch nicht durchgesetzt hat.
Meine Damen und Herren, würden wir anders anfangen, würden wir die Nation selbst danach bestimmen, ob wir unsere gesellschaftspolitischen Ziele schon verwirklicht haben, würden wir also als die wahre Nation erst diejenige Demokratie ansehen, von der es etwa im Godesberger Programm der SPD heißt, daß sie sich im Sozialismus erfüllt, würden wir also meinen, daß das Gemeinwesen zu einem unerfüllten Dasein verdammt bleibt, solange sich dieser Sozialismus noch nicht eingestellt hat, dann hat das sehr schwerwiegende Folgen für die Lage der Nation im geteilten Deutschland. Denn es besteht ein sehr empfindlicher Zusammenhang zwischen unserer innenpolitischen Auseinandersetzung und der Lage der Nation. Auch hier zeigen sich die großen Gefahren, wenn eine Regierung beginnt, Deutschlandpolitik im Alleingang zu betreiben. Denn wenn wir unsere hiesige gemeinsame Freiheit nur dazu benutzen, über den Inhalt der Nation und ihren Begriff einen Parteienstreit zu veranstalten, dann brauchen wir uns gemeinsam nicht mehr um die staatliche Einheit dieser Nation zu bemühen. Der Gewinner einer solchen Phase aber wäre nur Honecker und sonst niemand...

Godesberger Programm

Nicht wenige, die die Linkskoalition öffentlich herbeigewünscht und herbeigeschrieben hatten, hatten dies mit der Hoffnung verbunden, eine Regierung Brandt werde die bisherige Offenhaltepolitik nicht fortsetzen, sondern auf das Ziel der staatlichen Einheit verzichten, also der Anerkennung der DDR praktisch keine Schwierigkeiten mehr in den Weg legen. – Andere dagegen setzten auf Beibehaltung der Offenhaltepolitik.

Die Unsicherheit, welcher der beiden Wege zu wählen war, ging tief und geht wohl bis heute tief in die Reihen der neuen Koalitionsparteien hinein. Ich sage das nicht als Vorwurf; nur meine ich, die neue Regierung habe vor allem die Aufgabe gehabt, eine eindeutige Richtung anzugeben.

Regierungskritik

Aber der entscheidende Einwand gegen den Weg, den diese Regierung nun deutschlandpolitisch tatsächlich eingeschlagen hat, ist der – ich wiederhole es –, daß sie den Versuch unternimmt, beide Wege miteinander zu verbinden, die Vorteile beider Wege für sich in Anspruch zu nehmen. Und das bisherige Resultat ist eine tief zweideutige Situation und folglich eine gefährliche Ungewißheit darüber, wohin denn nun die Bundesregierung, ob gewollt oder nicht, uns alle weiter führen wird.

Auf der einen Seite versichert sie uns unverändert, am Ziel der staatlichen Einheit Deutschlands im Wege freier Selbstbestimmung festzuhalten. Nicht eine bloße Kulturnation – also Sprache, Geschichte und geistige Werte –, sondern die Nation im politisch-staatlichen Sinne bliebe die Grundlage ihrer Deutschlandpolitik.«

Helmut Kohl wies bereits in einer Rede vor der Katholischen Akademie Bayern am 8. Dezember 1973 – für viele Beobachter zu diesem Zeitpunkt noch relativ unverständlich – auf die Notwendigkeit hin, die Bedeutung der nationalen Frage angemessener zu berücksichtigen. Mangelndes Identifikationsvermögen und mangelnde Identifikationsmöglichkeit stellten für jeden Staat ein schwieriges Problem dar. Die Antwort auf die Frage nach der deutschen Nation habe deshalb entscheidende politische Konsequenzen:

Bedeutung der nationalen Frage

»Nur wenn wir immer wieder beweisen können, daß unser gesellschaftliches System das menschlichere und somit fortschrittlicher ist als ein sozialistisches Zwangssystem, erhalten wir auch unsere Legitimation, für das Selbstbestimmungsrecht aller Deutschen einzutreten. Ausschließlich auf diese Weise kann es uns gelingen, den Willen zur nationalen Einheit in unserem eigenen Volk aufrechtzuerhalten und ihn international glaubwürdig zu dokumentieren, ohne Befürchtungen vor einem deutschen Nationalismus zu wecken. Einem solchen politischen Verständnis von Einheit der Nation liegt nicht das Primat der territorialen Einheit, sondern das Primat der Freiheit zugrunde, das die Politik der Bundesrepublik seit ihren Anfängen prägt.«[22]

Diesen Grundgedanken, eine freiheitliche Antwort auf die nationale Frage zu sichern, hat Helmut Kohl kontinuierlich, nachdrücklich und systematisch über die Jahre hinweg betont und als Orientierungspunkt – auch gegen Kritik – durchgehalten, wie z. B. am 9. März 1978 im Deutschen Bundestag in der Aussprache über den Bericht zur Lage der Nation[22]:

Bericht zur Lage der Nation

»1. Im Kern der deutschen Frage geht es für uns um die politische Freiheit unseres ganzen Volkes ...

2. Freiheit und Nation sind untrennbar ... Ich teile nicht seine (Brandts) Meinung, daß unser Verständnis von Nation auf den Begriff der Kulturnation beschränkt werden darf, wie er es hier im Bundestag vorgetragen hat. Unser Verständnis von Nation muß unauflöslich mit den Prinzipien der Freiheit und der Demokratie verbunden bleiben. Das ist doch die wichtigste Lehre unserer Geschichte ...

3. Im geteilten Deutschland befindet sich die Wertordnung unserer Politik mehr als anderswo auf dem Prüfstand. Deswegen kommt unserem klaren Eintreten für die Menschenrechte eine solche signalhafte Bedeutung zu. Wer soll eigentlich für Menschenrechte in Ost und West überzeugter eintreten als die Deutschen in einem geteilten Land, das die Heimsuchungen des Alltags an der Absperrung an Mauer und Stacheldraht mitten in Deutschland erfahren muß.«

Auf die aktuellen Beschwernisse der Deutschlandpolitik eingehend, betonte Kohl in seiner Rede auf dem CDU-Parteitag in Mannheim am 12. März 1981:

CDU-Parteitag 1981

»Angesichts der dramatischen Veränderungen in der internationalen Politik ist es wichtig, die besondere Interessenlage unseres geteilten Landes in ihren Grundelementen wieder ins öffentliche Bewußtsein zu heben.

Alle Deutschlandpolitik bleibt, wie seit 35 Jahren, eingebunden in den fortdauernden, durch die sowjetische Besetzung Afghanistans wieder verschärften Ost-West-Konflikt.

Jede Änderung im allgemeinen Gleichgewicht hat Änderungen auch im Verhältnis beider deutscher Staaten zur Folge.

Zugleich kann das Verhältnis der Bundesrepublik Deutschland zur DDR auch die globalen Ost-West-Beziehungen beeinflussen. Die Deutschen tragen deshalb eine besondere Verantwortung.

Die DDR ist uns durch Geographie und Geschichte, durch Familienbande und Freundschaften nahe; als Parteidiktatur, als Teil des Sowjetimperiums ist sie uns fern.

Die Menschen in der DDR gehören zu Deutschland so gut, wie wir zu Deutschland gehören.

Es gibt nur eine deutsche Nation.

Wir müssen der Gefahr des Auseinanderlebens entgegenwirken

- mit klarem Friedenswillen,
- mit zäher Verhandlungsbereitschaft in großen wie in kleinen Dingen,
- und vor allem mit der Pflege der menschlichen Bindungen.

Deutschland-politische Probleme und Perspektiven

Unsere Politik braucht die Festigkeit dessen, der eine gerechte Sache vertritt:

das Recht der Menschen auf Selbstbestimmung, das Recht einer geteilten Nation auf den Willen zur Freiheit und Einheit, und das Recht, unter einer Grenze zu leiden, die zum Fluch des Zweiten Weltkrieges gehört und die doch den europäischen Frieden mit einer beunruhigenden, schweren Hypothek belastet. Es ist eine tödliche Grenzlinie, wo Schüsse fallen, Todesfallen lauern und Hunde auf Menschen Jagd machen.

Dies alles ist erschreckende Wirklichkeit unserer Tage. Wir können uns damit nicht abfinden.

Deutsche Politik hat auch in den 80er Jahren die Pflicht, die Verhältnisse erträglicher zu gestalten, jeden Schritt zu versuchen, auch den kleinen, und das Menschenmögliche für die Deutschen im anderen Teil unseres Vaterlandes zu tun.

Das aber setzt Klarheit der Geschäftsgrundlagen voraus. Die DDR-Regierung kann nicht beides zugleich tun: die Bundesrepublik Deutschland als Erzfeind bekämpfen und zugleich die Hand weit aufhalten.

Auch von der DDR-Führung ist Realismus zu verlangen, Bereitschaft zum geregelten Nebeneinander, Einhaltung und Wiederherstellung der Geschäftsgrundlagen, z. B. bei der Regelung des Zwangsumtausches.

Mit dem deutschen Zustand der Einheit in der Teilung wird Europa noch lange zu leben haben, und die Deutschen sind die einzigen geblieben, die unter diesem Zustand leiden.

Unsere Aufgabe ist es, die richtige Mitte zu finden zwischen unserem Wunsch, die Nation als geistige Wirklichkeit zu erhalten und der Notwendigkeit, uns im größeren europäischen Haus einzuleben.

Unverändert liegt die Deutsche Frage wie seit Jahrhunderten dort, wo sich die Kraftlinien der Weltpolitik gefährlich schneiden ... Zuerst gilt es, sich wieder der Geschichte zu erinnern, denn die Erklärung dieser Teilung liegt zuerst und am stärksten in der deutschen und europäischen Geschichte. Diese Geschichte aber gilt es nicht allein als Ursache zu begreifen, sondern auch als einigendes Band. Wer es für das Beste hält, die Geschichte zu vergessen und aus den Schulen zu verbannen, der soll nicht von der Nation sprechen und auch nicht von ihrer Zukunft.

Es liegen in der Geschichte nicht nur Erklärungen für den Zustand der Gegenwart, es finden sich auch in der Geschichte Mitteleuropas seit dem Beginn eines europäischen Mächtesystems Möglichkeiten und Denkmodelle, die für die Zukunft Mut machen, wenn wir Geduld haben und Zähigkeit besitzen.

Die deutsche Frage kann einer Lösung nur in langen Zeiträumen näherrücken, und sie wird es nur tun, wenn die Europäer in Ost und West dies nicht als Ausdruck eines deutschen Nationalegoismus begreifen, sondern als Bedingung eines dauerhaften Friedens.«[24]

Die Gegenüberstellung der Positionen von SPD und CDU hat eine weit über die akademisch-wissenschaftliche Erörterung hinausgehende Bedeutung:

unterschiedliche Akzente bei SPD und CDU

Aus dem traditionell unterschiedlich akzentuierten Nationverständnis von SPD und CDU sind künftige politische Konflikte und Auseinandersetzungen abzusehen.[23] Das Abheben auf kulturelle Elemente durch die SPD einerseits und die Betonung der Wertsubstanz und des Zieles des demokratischen Verfassungsstaates durch die CDU andererseits bieten die Folie, die für zahlreiche denkbare Ereignisse des politischen Alltags in der Deutschlandpolitik einen unterschiedlichen Interpretationsrahmen abgeben und zu unterschiedlichen Ergebnissen und Konsequenzen beider Parteien führen.

Insofern wird der Interpretationskonflikt zwischen den Parteien auch in Zukunft das traditionelle Begriffspaar der Kulturnation und der Staatsnation traktieren.

4.3 Die Antinomie zwischen deutscher Nation und europäischer Integration

Integration und Nation

Der Zusammenhang zwischen ›Integration‹ und ›Nation‹, also die Vereinbarkeit von europäischer Einigung und Wiedervereinigung Deutschlands, provoziert seit Gründung der Bundesrepublik Deutschland immer wieder heftige Kontroversen, skeptische Fragezeichen, nachdrückliches Bohren nach glaubwürdigeren Antworten, aber auch manch unverbindliche, oberflächliche Deklamation. Der Mythos von den verpaßten Chancen zur Wiedervereinigung wuchert bis zum heutigen Tage; und dieser Mythos bewegt nicht nur jene, die sich in der Politik gerne der Pflege liebgewonnener Klischees annehmen und im eilfertigen Vergessen, gleich dem gedankenlosen Wegwerfen abgerissener Kalenderblätter üben. Wie ein roter Faden durchzieht die Literatur zur deutschen Außenpolitik und zum Selbstverständnis der Bundesrepublik Deutschland jene skeptische Distanz gegenüber dem Anliegen, die Integration Europas und die Lösung der deutschen Frage als eine einheitliche Option zu betrachten. So befürchtet Ralf Dahrendorf: »Es könnte den Anschein haben, als hätte die deutsche Politik seit dem Anfang der fünfziger Jahre von der Vorstellung einer Art russischer Puppe gelebt, bei der, wenn man das Atlantische Bündnis aufmacht, das europäische Einigungswerk erscheint, und wenn man das europäische Einigungswerk aufmacht, die deutsch-französische Freundschaft erscheint, und wenn man diese öffnet, eine Deutschlandpolitik erscheint, die Westintegration und Wiedervereinigungsziel bruchlos verbindet. Die Frage, . . ., ist, ob diese Vorstellung des bruchlosen Ineinander wirklich stimmt.«[1] Dieses plastische Bild hat in seiner sachlichen Substanz in der politischen Diskussion eine lange Tradition.

So ist bis heute die Frage nicht verstummt, ob der Wiedervereinigungsforderung Adenauers wohl nicht doch nur deklamatorische Bedeutung zukomme. Arnulf Baring vertritt beispielsweise die These, Adenauer habe mit der forcierten Unterstützung der EVG versucht, »die Bundesrepublik mit der Niederlage zu versöhnen und sie als eine ideell und territorial saturierte politische Einheit zu etablieren«.[2] Golo Mann erfaßt den Zusammenhang eher intuitiv, wenn er schreibt: »Zwischen Adenauer und seinen Deutschen ist im Grunde immer ein Versteckspiel gewesen. Man glaubte oder machte, weil es das Bequemste war, sich selber vor zu glauben, daß ein so deutscher Mann, ein so kräftiger, autoritärer Mann, ein so ›profilierter Politiker‹ doch auch ein Nationalist, mindestens ein gesamtdeutsch denkender Patriot sein müsse.«[3] Hat also Adenauer nicht doch jene Zweifel, Fragezeichen, Irritationen verschärft und dramatisiert, indem er kein differenziertes, nachvollziehbares, plausibles Konzept für die Verknüpfung von Integration und Nation anzubieten wußte? Hat er die bei ihm sonst gerühmte Kunst des Vereinfachens nicht übermäßig strapaziert, indem er stereotyp und immer wieder behauptete, das eine – die Integration – sei die Voraussetzung des anderen – nämlich der Einheit der Nation –?

Entsprechend führte er im Februar 1954 in einem Interview gegenüber Ernst Friedländer aus: »Die Europa-Politik hat einen doppelten Sinn.

Sie ist für sich allein unbedingt notwendig und richtig. Sie hilft aber zugleich, die Einheit Deutschlands in Freiheit herzustellen.«[4] In der Fernsehpressekonferenz ›Meet the Press‹ am 28. August 1962 antwortete Adenauer auf die zweifelnde Frage eines Journalisten, ob er denn immer noch glaube, daß die Politik der Vereinigung Europas auch die Wiedervereinigung Deutschlands näherbringe: »Ja. Ich glaube, daß die Vereinigung Europas uns der Wiedervereinigung näherbringt, eben weil dem Russen nichts weniger imponiert als geteilt sein und verschiedene Meinungen haben und keinen geschlossenen Willen zeigen.«[5] Und in seinen Erinnerungen schreibt Adenauer dazu: »Wir mußten an der Politik des Zusammenschlusses Europas festhalten. Wir blieben bei der Politik, die mit allen Mitteln, auf allen Wegen und auch den notwendigen Umwegen auf die Wiedervereinigung Deutschlands in Freiheit und Frieden gerichtet war.«[6]

Wieder-vereinigung

Natürlich drängen sich dazu – damals wie heute – offene Fragen auf:
- Ist die Antinomie zwischen europäischer Integration und dem Ringen Deutschlands um nationale Einheit überhaupt politisch auflösbar?
- Heißt das Anstreben des einen Ziels nicht gleichzeitig das andere Ziel zur bloßen Deklamation verkümmern zu lassen?
- Wurden und werden durch die Verbindung von Nation und Integration nicht beide Ziele diskreditiert, zumindest in ihrer Glaubwürdigkeit ins Zwielicht gerückt?

Diese Fragen nach dem Kern unseres Selbstverständnisses besitzen damals wie heute Brisanz; heute auch weil sich das soziale Umfeld verändert hat; sie treffen uns heute in einer Zeit, in der unsere sozialen Beziehungen in vieler Hinsicht durch Unsicherheit, Ratlosigkeit, Verlegenheit gekennzeichnet sind. Zahlreiche soziale Daten haben an Verläßlichkeit eingebüßt; es besteht Zweifel, ob man vertrauen kann, Skepsis gegenüber der Handlungsfähigkeit sozialer und politischer Organisationen. Die Konkurrenz der Wertsysteme in unserer Gesellschaft schafft Offenheit, aber auch Orientierungsprobleme und Orientierungskrisen.[7] In diesem aktuellen Zusammenhang erhalten auch die unpräzisen Beschreibungen der Beziehung von Integration und Nation, die ja letztlich unscharfe Markierungen des Selbstverständnisses der Bundesrepublik sind, zusätzliche Brisanz.

Selbstverständnis der Bundesrepublik

Dieser Kontext von Integration und Nation soll nun in drei Varianten untersucht werden:
1. die sozialpsychologische Komponente,
2. die politisch-strategische Komponente,
3. die normative Komponente.

4.3.1 *Die sozialpsychologische Komponente*

Kollektive Identifikation

Europäisches Bewußtsein und deutsches Nationalbewußtsein sind zwei verschiedene Formen kollektiver Identifikation, zwei Varianten aus einer Fülle von Gemeinschaftserfahrungen. Wir haben bereits im Zusammenhang mit dem Begriff der Nation dargelegt, daß im menschlichen Zusammenleben eine Vielzahl von solchen Erfahrungen, oft unverbunden, nebeneinander existieren.[8] Der Problemkreis Integration und Nation macht hierbei keine Ausnahme. Dies bedeutet, bundesrepublikanisches Staatsbewußtsein, gesamtdeutsches Nationalbewußtsein und europäisches Bewußtsein sind drei Formen eines jeweils relativierten Gemeinschaftsbewußtseins. Es besteht keine Dichotomie, kein Gegensatz zwischen ihnen, sondern das Verhältnis relativierender Ergänzung, so wie es uns in anderen Zusammenhängen und Formen unseres Zusammenlebens selbstverständlich und alltäglich ist.

Der gute Europäer ist nicht gleichzeitig ein schlechter Patriot; ein guter Patriot besitzt nicht gleichzeitig ein mangelhaftes europäisches Bewußtsein. Das auf die Bundesrepublik bezogene Staatsbewußtsein steht nicht automatisch im Gegensatz zum Nationalbewußtsein, ebensowenig wie ein Staatsbewußtsein in der DDR.

In der sozialpsychologischen Dimension bilden Integration und Nation also keine Antinomie, sondern Varianten von Gemeinschaftsbezügen.

4.3.2 *Die politisch-strategische Komponente*

Selbstbestimmung

Die Deutsche Frage ist ganz wesentlich Ausdruck des Verlangens desjenigen Teiles des deutschen Volkes, der die Freiheit der Selbstbestimmung besaß, diese eben erst wiedergewonnene Freiheit nicht sofort wieder zu verlieren. Die Politik der europäischen Integration sollte dieses Ziel absichern. Die Formel der »Wiedererlangung (und Wahrung) der Souveränität durch Bereitschaft zur Aufgabe von Souveränitätsrechten«[9] macht deutlich, daß Europa jenen Bezugsrahmen und jenen Wirkungsraum deutscher Politik ermöglichen sollte, mit deren Hilfe die Bundesrepublik ihre Ziele und Interessen verfolgen konnte: also Freiheit, Sicherheit, Frieden, Einheit und auch Vermeidung internationaler Isolation, Gewinn neuen Vertrauens, Erlangung von Gleichberechtigung und Einfluß.

Angesichts der vorgegebenen weltpolitischen Lage bedeutet für die Bundesrepublik Deutschland Integration die Voraussetzung der politischen Handlungsfähigkeit, auch der deutschlandpolitischen Handlungsfähigkeit, nicht im Sinne irgendeiner Autarkie, sondern als Mitwirkung und Mitverantwortung an der internationalen Ordnung. Hier, in diesem politisch-strategischen Gesichtspunkt liegt die eigentliche und einzige Antinomie zwischen Integration und Nation: Einerseits ist Integration die Voraussetzung für die Handlungsfähigkeit in der Deutschen Frage; sie ist wohl auch die zentrale Vorbedingung, unter der die Nachbarn Deutschlands einer Lösung der Deutschen Frage nur zustimmen könnten; andererseits vertieft die damit verbundene Konsolidierung der Blöcke die deutsche Teilung. Sie macht beide Teile zu Repräsentanten von internationalen Systemen, die aus ihrer eigenen Logik heraus, ein Ausfransen an dieser strategischen Schnittlinie nicht akzeptieren können. Dies beschreibt konkret die Antinomie zwischen Integration und Nation.

Am Rande sei allerdings bemerkt, daß sich die Politik sehr häufig in dieser Situation befindet, nämlich Elemente verbinden zu müssen, die in der Sicht wissenschaftlicher Logik oder in der Sicht der Systemrationalität widersprüchlich sind oder doch widersprüchlich sein können. Immer wieder begegnen wir solchen Gegensatzpaaren:

Gewinnmaximierung	oder	soziale Gerechtigkeit,
Abrüstung	oder	Steigerung der Verteidigungsbereitschaft.

Gerade die Abrüstungsfrage belegt, welchen Sinn es hat, über Jahrzehnte einen existentiellen Konflikt zwischen Ost und West durch Verhandlungen – auch wenn sie zu keinem greifbaren Ergebnis führen – in der politischen Disziplin zu halten, diesen Konflikt nicht sich selbst zu überlassen, sondern ihn kommunikativ in der Schwebe zu halten, letztlich also antagonistische Elemente zu verbinden. Die Virtuosität der Politik besteht im Alltag immer wieder aus dieser minuziösen und labilen Verbindung gegensätzlicher Komponenten. In der deutschen Frage wird also vom Politiker nichts Außergewöhnlicheres gefordert, als er in anderen Bereichen täglich leisten muß, wenn er erfolgreich sein will.

4.3.3 Die normative Komponente

Die politisch-strategischen Erörterungen verweisen bereits darauf, daß die normative Grundlage der Deutschen Frage, in dem Ringen um und dem Streben nach politischer Freiheit besteht, und zwar seit Gründung der Bundesrepublik Deutschland. Die Deutsche Frage resultiert also aus einer klaren Wertentscheidung. Ohne diese normative Grundlage würde es die Deutsche Frage nicht geben! In einer der ersten Regierungserklärungen am 21. Oktober 1949 vor dem Deutschen Bundestag heißt es dazu:

Deutsche Frage

»Ich stellen folgendes fest: In der Sowjetzone gibt es keinen freien Willen der deutschen Bevölkerung. Das, was jetzt dort geschieht wird nicht von der Bevölkerung getragen. Die Bundesrepublik Deutschland stützt sich dagegen auf die Anerkennung durch den frei bekundeten Willen von rund 23 Millionen stimmberechtigter Deutscher. Die Bundesrepublik Deutschland ist somit bis zur Erreichung der deutschen Einheit insgesamt die alleinige legitimierte staatliche Organisation des deutschen Volkes.«[10]

Hallstein-Doktrin

Im Bundestagsprotokoll heißt es zu dieser Passage, die im übrigen das Prinzip der späteren sog. Hallstein-Doktrin enthält: »Lebhafter Beifall und Händeklatschen rechts, in der Mitte und bei der SPD«; also eine einheitliche Position der großen, demokratischen Parteien. Aus dieser Position heraus geht es im Kern der Deutschlandfrage um die politische Freiheit unseres Volkes. Insofern steht die Bundesrepublik in einer Pflicht gesamtdeutscher Verantwortung, von der sie sich gar nicht dispensieren kann. Jede durch freie Wahlen legitimierte deutsche Regierung hat die Pflicht, vor den Völkern der Welt zu garantieren, daß es auch für einen gesamtdeutschen Staat keinen anderen Weg gibt, als den der freiheitlich rechtsstaatlichen Demokratie. Vor dem Hintergrund der nationalsozialistischen Zeit muß der Welt die Sicherheit geboten werden, daß von Deutschland nicht ein weiteres Mal der Geist der Unfreiheit ausgehen wird.

Diese normative Komponente der Deutschen Frage befindet sich im Gleichklang zur normativen Komponente der euroäischen Einigung. Denn Europa ist ebenso kein bloß geographischer, sondern auch ein geistig-politischer Begriff für die Staaten, die sich zur EG zusammengeschlossen haben. Die europäische Einigung soll die Idee des demokratischen Verfassungsstaates auf einer neuen Ebene verwirklichen. In diesem Zusammenhang ist der Gedanke ›Europa‹ untrennbar verbunden mit dem der politischen Freiheit. Dies ist die klare Wertentscheidung, die europäischer Einigungspolitik zugrunde liegt. Der Gedanke ›Europa‹ ist daher unvereinbar mit geistigen und politischen Monopolansprüchen, gleich welcher Art. Aus dem Fundament der Freiheit heraus ist auch der Gefahr zu begegnen, daß Europa zum ausschließlich materiellen Angebot verkümmert, zum Addressaten für Ansprüche und Begehrlichkeiten, zum Produkt aus Wirtschaftsstatistiken und Konjunktursystem. Europa verlangt daher von seinen Mitgliedern eben mehr als lediglich die egoistische Teilnahme aus materiellen Nützlichkeitserwägungen.

Diese normative Komponente der Deutschen Frage besitzt nicht nur den Rang einer allgemeinen Prinzipienerklärung, sondern entfaltet unmittelbare Wirkung im politischen Entscheidungsprozeß. Ein Beispiel, bei dem die konkrete Bedeutung dieser normativen Komponente im Spannungsfeld von Integration und Nation sehr anschaulich und sehr direkt beobachtet werden kann, sei hier zur Illustration der allgemeinen These näher untersucht: der Notenwechsel zwischen der Sowjetunion und den Westmächten im Jahre 1952, dessen Interpretation noch immer nicht die Mythen von den verpaßten Chancen zur Wiedervereinigung aufgelöst, sondern bisher eher bestärkt hat. Die Legenden, die sich um den Notenwechsel ranken, gehören wahrscheinlich zu den wichtigsten Themenkomplexen unverarbeiteter deutscher Zeitgeschichte. Deshalb soll diese Problematik[11] hier im Blick auf die grundsätzliche Fragestellung näher analysiert werden:

Sowjetische Note 1952

Die im Zusammenhang mit den sowjetischen Deutschland-Noten vertretene These der »verpaßten Gelegenheit« geht davon aus, daß damals die Sowjetunion um der internationalen Entspannung willen bereit gewesen sei, den Preis der Wiedervereinigung zu zahlen; ihre erfüllbare Bedingung sei lediglich gewesen, daß Gesamtdeutschland eine militärische Stellung zwischen den Blöcken einnehme.

Vergegenwärtigen wir uns zunächst kurz den Inhalt des Notenwechsels:

Die eigentliche Note Stalins an die Westmächte vom 10. März 1952 war recht kurz und stellte eigentlich nur das Begleitschreiben zu dem beigefügten »Entwurf für einen Friedensvertrag mit Deutschland« dar.[12] Es solle ein Friedensvertrag geschlossen werden, der die Entwicklung eines »einheitlichen, unabhängigen, demokratischen und friedliebenden« deutschen Staates »in Übereinstimmung mit den Potsdamer Beschlüssen« fördere. Sämtliche Besatzungstruppen sollten aus Deutschland abgezogen werden. Es sollte Deutschland künftig verboten sein, Koalitionen oder Militärbündnisse einzugehen, die sich gegen irgendeinen Staat richteten, der mit seinen Streitkräften am Krieg gegen Deutschland teilgenommen hatte. Dafür aber sollte es Deutschland gestattet sein, eigene nationale Streitkräfte zu besitzen, »die für die Verteidigung des Landes notwendig sind«. Diese Wendung zur deutschen Nationalarmee empfand Adenauer als primitive Spekulation mit einem möglicherweise wiedererwachenden deutschen Nationalismus,[13] den die Sowjetunion sowohl schüren als auch dann für ihre Interessen nutzen wolle. In einem damals geführten Informationsgespräch sagte Adenauer: »Viele Deutsche verträten leider die kindliche Auffassung, daß die Sowjetunion ein Interesse daran haben könnte, die Sowjetzone freizugeben und auf Grund freier Wahlen die Einheit Deutschlands wiederherzustellen ... Noch einmal auf die sowjetische

Politik zurückkommend, betonte der Bundeskanzler, daß der Russe überhaupt nicht so intelligent sei, wie man vielfach glaube. So habe er das deutsche Nationalgefühl mißbraucht, von der Aufstellung einer deutschen Nationalarmee, der Bildung eines Nationalstaates gesprochen und habe damit nur erreicht, daß M. Schumann in Paris die Mehrheit erhalten habe.«[14]

freie Wahlen

Das Thema der freien Wahlen tauchte nicht in der ersten Note vom 10. März 1952 auf, sondern erst in den gleichlautenden Antwortnoten der drei Westmächte vom 25. März 1952.[15] Sie wiesen die Aufstellung einer deutschen Nationalarmee entschieden als Rückschritt zurück und forderten freie Wahlen, aus denen eine gesamtdeutsche Regierung hervorgehen solle. Sie folgten damit der, mit Ausnahme der kommunistischen Abgeordneten, einstimmig vertretenen Linie des Bundestages. In ihrer zweiten Note, vom 9. April 1952,[16] ging die Sowjetunion auf den Vorschlag der freien Wahlen ein, schlug jedoch an Stelle einer UN-Kommission eine Kommission der vier Besatzungsmächte vor. In ihren gleichlautenden Antwortnoten vom 13. Mai 1952[17] legten die Westmächte ihre Bedenken gegen eine so zusammengesetzte Kommission vor, denn die Erfahrung während der Zeit der Vier-Mächte-Kontrolle in Deutschland ließen darauf schließen, daß diese Kommission nicht in der Lage wäre, zu zweckdienlichen Entscheidungen zu gelangen. Die dritte sowjetische Note vom 24. Mai 1952[18] – also wenige Tage vor der für den 26. bzw. 27. Mai angesetzten Unterzeichnung des Deutschland- und des EVG-Vertrags – unterstrich nochmals die vorher eingenommenen Standpunkte, sowohl was die Vier-Mächte-Kommission als auch was die nationalen Streitkräfte betraf. In ihren Antwortnoten vom 10. Juli 1952[19] forderten die Westmächte erneut eine internationale, nicht auf die vier Mächte beschränkte Kommission. Darauf antwortete die Sowjetunion am 29. August 1952 mit einer Note,[20] in der sie den Standpunkt vertrat, eine solche internationale Kommission mache Deutschland zum Untersuchungsobjekt und könne nur als Beleidigung der deutschen Nation angesehen werden. Daraufhin erneuerten am 23. September[21] die Westmächte ihren Vorschlag vom 10. Juli, »eine Zusammenkunft der vier Mächte, die im Oktober stattfinden könnte, möge das unmittelbare Problem der Zusammensetzung, Aufgaben und Befugnisse einer unparteiischen Untersuchungskommission erörtern«. Daraufhin erfolgte seitens der Sowjetunion keine Antwort mehr.

Der Notenwechsel wirft, insbesondere in unserem Zusammenhang, im wesentlichen drei Fragen auf:

1. Von welcher Ernsthaftigkeit war das sowjetische Angebot getragen?

2. Bedeutete die Neutralisierung Deutschlands eine realistische Perspektive?

Neutralisierung

3. Hätte man nicht auf die Forderung freier Wahlen verzichten sollen?

Man muß sich zunächst die allgemeine politische Ausgangslage vor Augen halten, in der der Notenwechsel stattfand.[25] Die Viermächteverwaltung für Deutschland war vornehmlich daran gescheitert, daß die Sowjetunion zwar an der Regelung der wirtschaftlichen und politischen Verhältnisse in Westdeutschland maßgeblich mitwirkten wollte, ohne jedoch den Westmächten irgendeinen Einfluß auf die eigene Besatzungszone zuzugestehen. Gescheitert war auch der Rat der Außenminister, der u. a. die Aufgabe hatte, die Grundlagen für einen Friedensvertrag mit Deutschland auszuhandeln.[23] Als daraufhin die Westmächte anstrebten, Westdeutschland zu konsolidieren, ging 1948/49 von den USA eine Initiative zur Wiederbewaffnung Deutschlands aus.[24] Das Problem, das sich für Adenauer daraus ergab, war, für einen deutschen Verteidigungsbeitrag annehmbare Gegenleistungen zu erhalten, nämlich politische Selbstbestimmung, eine Sicherheitsgarantie für das Territorium der Bundesrepublik und die gleichberechtigte Integration des deutschen Verteidigungsbeitrags in ein europäisches oder atlantisches Bündnis. Diese Voraussetzungen waren mit dem Deutschland- und dem EVG-Vertrag gegeben, die im Frühjahr 1952 zur Unterschrift vorlagen. In diese Situation sandte Stalin seine erste Note, die darauf hinauslief, nach dem ursprünglichen Scheitern der Vier-Mächte-Verhandlungen und kurz vor dem ersten Abschluß der Konsolidierung des westlichen Lagers neue Verhandlungen mit der Sowjetunion aufzunehmen, ohne greifbare Aussichten zu haben, daß man diesmal zu positiven Ergebnissen gelangen werde.

Wiederbewaffnung

Daneben bleibt festzuhalten, daß die Noten keine Formulierung enthielten, die eine Änderung der alten sowjetischen Politik hätte erwarten lassen können. Vielmehr wird durch die Wahl des Zeitpunkts, kurz vor Unterzeichnung der beiden Verträge, deutlich, daß zumindest als wichtige Intention mitschwang, die Konsolidierung Westeuropas zu stornieren. Zumal andernfalls für die Sowjetunion durchaus die Möglichkeit bestanden hätte, die Ernsthaftigkeit ihrer Vorschläge durch zusätzliche politische Aktivitäten nachdrücklich zu unterstreichen.

Für Adenauer besaß daher die Sicherheit der Integration in eine freie Gemeinschaft unumstößlichen Vorrang.

Zur Neutralitätsfrage hat Andreas Hillgruber zusammenfassend festgestellt: »Aufgrund intensiver Forschungen zur sowjetischen Außenpolitik der Nachkriegszeit kann heute kaum mehr bestritten werden,

Neutralitätsproblematik

daß die Note einem ernsthaften Interesse Stalins an einer Neutralisierung Deutschlands entsprach.«[25]
Bemerkenswert erscheint, daß in dem sowjetischen Friedensvertragsentwurf zwar Neutralität für Deutschland festgelegt war; diese Neutralität wurde jedoch mit Begriffen definiert, die, in der Tradition der sowjetischen Deutschlandpolitik stehend,[26] eindeutig auf eine Ausdehnung des sowjetischen Einflusses abzielten. Begriffe wie ›demokratisch‹ oder die Zugehörigkeit ›zur Familie der friedliebenden Völker‹ seien hier beispielhaft erwähnt.
Daneben wird man die Frage stellen müssen, ob die Voraussetzungen für eine Neutralisierung gegeben waren. Denn langfristig kann ein Land seine Neutralität nur dann behaupten, wenn es entweder einen solchen Machtfaktor darstellt, daß es weitgehend von der politischen Umwelt unabhängig ist, oder wenn es das völlige Vertrauen der Weltöffentlichkeit besitzt, wie es etwa bei der Schweiz der Fall ist. Im anderen Fall läuft der Versuch der Neutralität darauf hinaus, in das Gravitationsfeld einer anderen Macht zu geraten.
Für Adenauer war dies keine realistische Option.[27] Die Forderung nach freien Wahlen wurde zwar vielfach als Zumutung für die Sowjets verstanden; auf ihr hätte man nicht bestehen dürfen, wenn man in der Frage der Wiedervereinigung Fortschritte erzielen wollte. Aber an dieser Stelle zeigt sich in deutlichster Weise die dichte Verflechtung grundsätzlicher Orientierung und konkreter politischer Einzelmaßnahme. Der Gedanke, auf eine demokratisch legitimierte, politische Freiheit garantierende Regierung zu verzichten, war für Adenauer nicht akzeptabel, Ausdruck jener Haltung, politische Freiheit höher einzuschätzen als nationalstaatliche Einheit.
Die Prüfung der Bedingungen bzw. der Voraussetzungen für die Abhaltung freier gesamtdeutscher Wahlen war einer der besonders umstrittenen Punkte des westöstlichen Notenwechsels. Die Bundesregierung erachtete es von Anfang an für notwendig, daß zuerst in allen Teilen Deutschlands die entsprechenden Voraussetzungen für freie Wahlen geschaffen werden müßten. Deshalb war es erforderlich, daß eine unabhängige und unparteiische internationale Kommission die gesellschaftlichen Zustände und die notwendigen Voraussetzungen für freie Wahlen in ganz Deutschland prüfen durfte und gegebenenfalls solche Wahlen auch überwachen mußte. Die Westmächte unterstützten in dieser Frage nachdrücklich die Haltung der Bundesregierung und beantragten bei den Vereinten Nationen die Einrichtung einer entsprechenden Prüfungskommission. Die UN-Vollversammlung hat daraufhin am 20. Dezember 1951 mit großer Mehrheit (mit 45 zu 6 Stimmen

bei 8 Enthaltungen) beschlossen, »einen aus Vertretern Brasiliens, Islands, der Niederlande, Pakistans und Polens bestehenden Ausschuß einzusetzen, der unverzüglich in der Bundesrepublik Deutschland, in Berlin und in der Sowjetzone Deutschlands eine gleichzeitige Untersuchung durchzuführen hat, um festzustellen und darüber zu berichten, ob die Bedingungen in diesen Gebieten derart sind, daß sie die Abhaltung tatsächlich freier und geheimer Wahlen in allen diesen Gebieten gestatten«.[28] Weiter wird in dieser Entschließung von allen deutschen Behörden gefordert, »die Kommission in den Stand zu setzen, sich in den vorgenannten Gebieten frei zu bewegen, ihr das Recht zuzuerkennen, mit Personen zu verkehren, ... und jeden Zeugen, den sie zu vernehmen wünscht, vorzuladen«. Diese Kommission hat zwar in der Bundesrepublik und in West-Berlin ihre Arbeit aufgenommen, mußte sich aber später gezwungenermaßen auf unbestimmte Zeit vertagen, da sie nicht in die Sowjetzone einreisen durfte. Auch am 9. März 1952 hatten ihr die DDR-Behörden wieder die Einreise verweigert.

erste Note

In ihrer ersten Note erwähnte schließlich die Sowjetregierung diese UN-Kommission mit keinem Wort, woraufhin die Westmächte in ihrer Antwortnote vom 25. März mit Nachdruck auf deren Auftrag hinwiesen und die Sowjetunion eindringlich um eine Einreisegenehmigung baten. Außerdem erklärten sie noch: »Derartige Wahlen können nur unter Verhältnissen stattfinden, die die nationalen und individuellen Freiheiten des deutschen Volkes gewährleisten.«

zweite Note

In ihrer zweiten Note vom 9. April lehnte dann die Sowjetregierung diese UN-Komission zwar ab, erklärte sich aber mit einer Prüfung der Voraussetzungen freier gesamtdeutscher Wahlen prinzipiell einverstanden und machte selbst folgenden Vorschlag: »Eine solche Prüfung könnte durch eine Kommission vorgenommen werden, die von den vier in Deutschland ausübenden Mächten zu bilden wäre.«

Adenauer sprach sich sehr nachdrücklich gegen eine Prüfungskommission der Siegermächte aus, denn diese wäre nach seiner Meinung einem deutlichen Schritt zurück zur Wiederherstellung der Vier-Mächte-Kontrolle der Besatzungszeit gleichgekommen und hätte einen empfindlichen Rückschlag für die eigenständige und unabhängige Entwicklung der Bundesrepublik bedeutet. Außerdem wäre die Sowjetunion ihrem alten Ziel, wieder mehr Mitsprache und Einfluß in Westdeutschland zu gewinnen, ein beachtliches Stück näher gekommen.

Antwortnote der Westmächte

Die Westmächte lehnten in ihrer zweiten Antwortnote vom 13. Mai diesen Vorschlag eindeutig ab mit der Begründung:
»Eine lediglich aus Mitgliedern mit unmittelbaren Verantwortlichkeiten in Deutschland zusammengesetzte Kommission wäre gleichzeitig

Richter und Partei.« Außerdem wiesen sie darauf hin, »daß die Einsetzung einer Vier-Mächte-Kommission als Schritt zu einer Wiederherstellung der Vier-Mächte-Kontrolle in Deutschland ausgelegt werden könne«. Allerdings relativierten sie nun die Dienste der bereits vorhandenen UN-Kommission, obwohl sie diese noch einmal »als das schnellste und zweckmäßigste Verfahren« bezeichneten und deshalb besonders vorziehen würden und erklärten sich bereit, auch »sämtliche sonstigen praktischen und konkreten Vorschläge für eine unparteiische Untersuchungskommission zu prüfen«. Ebenfalls in dieser Note stellten die Westmächte »zu ihrer Befriedigung fest, daß die Sowjetregierung nunmehr grundsätzlich damit einverstanden ist, daß in ganz Deutschland freie Wahlen abgehalten werden sollen«, präzisierten aber noch einmal ihren alten Standpunkt in dieser Frage mit der Bemerkung: »Diese freien Wahlen können jedoch nur dann stattfinden, wenn die erforderlichen Voraussetzungen in allen Teilen Deutschlands bestehen und nicht nur am Wahltage und davor, sondern auch danach aufrechterhalten werden.«

Nachdem sich also die Westmächte in ihrer zweiten Note konzessionsbereit gezeigt hatten und nolens volens bereit waren, auf die UN-Kommission zu verzichten, hätte man erwarten können, daß die Sowjetregierung diesen Faden weiterspinnen würde. Stattdessen zeigte sie sich aber unnachgiebig und beharrte auch in ihrer 3. Note vom 24. Mai auf einer Untersuchungskommission der vier Besatzungsmächte. In ihrer vierten und letzten Note vom 23. September rückte sie sogar von diesem Vorschlag ab und lehnte nun jegliche internationale Untersuchung mit der überraschenden Begründung ab, eine internationale Kommission würde Deutschland zum »Untersuchungsobjekt« machen, was man »nur als eine Beleidigung der deutschen Nation ansehen« könne. In dieser Note vertrat die Sowjetunion wieder die Meinung, »daß am objektivsten eine mit Zustimmung der vier Mächte von den Deutschen selbst gebildete und aus Deutschen – zum Beispiel aus Vertretern der Volkskammer der Deutschen Demokratischen Republik und des westdeutschen Bundestages – bestehende Kommission wäre«. Dies war ein erstaunlicher Rückschritt, denn mit diesem Angebot kehrte die Sowjetunion wieder zu den alten, inzwischen als überholt angesehenen Vorschlägen der DDR zurück, deutsch-deutsche Gremien zu bilden, was ja von der Bundesregierung strikt abgelehnt wurde. Adenauer schrieb dazu in seinen Erinnerungen: »Die Zulassung oder Nichtzulassung der UN-Kommission in die Sowjetzone und in den Ostsektor von Berlin war entscheidend, ihre Zulassung hätte als ein wirklich ernsthafter Schritt der Sowjetunion zum Frieden hin angese-

Adenauer

hen werden können.«[29] Hillgruber stellt dagegen sein drastisches Urteil, daß die Akzeptierung der UN-Kommission für die Sowjetunion »einer politischen Kapitulation vor dem weltpolitischen Gegner gleichgekommen wäre«.[30] Kurt Schumacher hat übrigens in dieser Frage eine flexible Position bezogen, als er in seinem bekannten Brief vom 22. April an Adenauer die Meinung vertrat:

»Entscheidend ist nicht, welche Möglichkeiten der internationalen Kontrolle schließlich beschlossen werden, sondern daß nur solche Möglichkeiten annehmbar sind, die freie Wahlen unter gleichen Bedingungen in allen Teilen Deutschlands sicherstellen.«[31]

Auch der Zeitpunkt der Wahlen, ebenso die Abfolge der einzelnen Schritte der Friedensverhandlungen waren von entscheidender Bedeutung. Dies wird bei der Lektüre der Erinnerungen Adenauers besonders deutlich: »Wir mußten unbedingt verlangen, daß Deutschland von Anfang an bei Friedensverhandlungen vertreten war. Wir duften unter keinen Umständen zulassen, daß zwischen Sowjetrußland und den drei Westalliierten ... Verhandlungen über einen Frieden mit Deutschland geführt wurden, ohne daß wir hierbei hinzugezogen wurden, und zwar nicht als Beobachter, sondern als gleichberechtigter Partner ... Es würde Aufgabe der Bundesregierung sein, bei eventuell kommenden Ost-West-Verhandlungen zu verhindern, daß womöglich uns Deutschen ein Diktatfrieden auferlegt wurde.«[32]

Da die Sowjetregierung zu keiner Zeit bereit war, freie Wahlen in ganz Deutschland vor Eintritt in die Verhandlungen über einen Friedensvertrag mit Deutschland zu konzedieren, erwies sich die auf den ersten Blick bemerkenswerte Feststellung in ihrer Note vom 10. März, ein Friedensvertrag müsse »unter unmittelbarer Beteiligung Deutschlands, vertreten durch eine gesamtdeutsche Regierung« ausgearbeitet werden, als pauschale, lediglich propagandistisch effektvolle Leerformel. Die freie und direkte Beteiligung war auf ein Konsultationsrecht geschrumpft.

Aus der Beschreibung dieser Entwicklungen wird plausibel, daß für den ersten Bonner Bundeskanzler Konrad Adenauer europäische Integration und Einheit der deutschen Nation durchaus keine unvereinbar gegensätzlichen Ziele waren.

Europäischer Rahmen

Eine freiheitliche Lösung der Deutschen Frage kann es nur im gesamteuropäischen Rahmen geben. Wenn in diesem gesamteuropäischen Rahmen aber das Prinzip der Freiheit wirksam werden soll, dann hat dies zur Voraussetzung, daß die westeuropäischen Staaten imstande sind, das gesamteuropäische Konzept entscheidend zu beeinflussen. Also gab es zu einer freiheitlichen Lösung der Deutschen Frage im

europäischen Rahmen, aus Adenauers Sicht, keinen anderen Weg als den über ein starkes, freies Westeuropa.
Zusammenfassend kann zur Frage der Beziehung von Integration und Nation festgehalten werden:
Die Übereinstimmung in der Wertaufladung von Integration und Nation ist also ein weiteres, wichtiges Element der Auflösung oder zumindest Relativierung der vielfach mißverstandenen Antinomie von Europa- und Deutschlandpolitik. Diese Relativierung wird komplettiert
- durch die dargelegten Ergänzungen in der sozialpsychologischen Komponente
- sowie durch ein Gemisch von Wechselwirkung und Widerspruch in der politisch-strategischen Dimension.

So gesehen können wir auch nachvollziehen, wieso der logische politische Widerspruch zwischen Integration Europas und Wiedervereinigung Deutschlands nicht eine umfassende gesellschaftliche Sprengkraft entwickelt hat: weil dieser Widerspruch nur in einem konkreten Teil der politischen Strategie besteht und weil sich beide Ziele ergänzen in einem anderen Teil der politischen Strategie, aber auch im sozialpsychologischen Bereich und vor allem in der normativen Dimension.
So durchdacht löst sich ein Mythos deutscher Politik auf, der Mythos von der prinzipiellen Unvereinbarkeit von Integration und Nation. Die These Golo Manns vom ›Versteckspiel‹ zwischen den Deutschen verliert damit ihre Grundlage. Aber auch diese Einsicht nimmt beiden Politikbereichen nichts von ihrer Brisanz, nichts von ihrer emotionalen Belastung, nichts von ihrer Möglichkeit, zum Gegenstand internationaler Krisen zu werden. Denn beiden Feldern unserer Politik, der deutschen wie der europäischen Frage, eignet etwas charakteristisch Bruchstückhaftes an; beide sind bisher ein Torso geblieben!

5. Die DDR und die Frage nach der Einheit der Nation

Lage der DDR

Peter Christian Ludz zog aus seinen Untersuchungen zur Lage der DDR die Schlußfolgerung:

> »Das Klassenkonzept der Nation soll das Feindbild von der Bundesrepublik für die Bevölkerung der DDR zementieren und eine Ersatzlegitimation für Partei und Staat in der DDR schaffen; denn eine – jenseits geschichtsphilosophischer Setzungen – überzeugende Legitimation konnte bisher nicht erreicht werden. Ob überzeugende Legitimationsableitungen für die SED in absehbarer Zukunft möglich sind, ist auch fraglich. Hier tauchen erhebliche Zweifel auf; denn in der politischen Realität der wachsenden Normalisierung zeigt sich, daß Ost-Berlin den ›nützlichen Feind‹ der ›kapitalistischen‹ und ›imperialistischen‹ Bundesrepublik als Stütze seiner Innenpolitik eher verliert als stärkt.«[1]

Dieses Zitat lenkt den Blick auf mehrere Elemente, die bei der Beurteilung der gegenwärtigen Lage der DDR von grundsätzlicher Bedeutung sind: die Legitimationsprobleme der SED, das Wechselspiel von internationaler und innenpolitischer Entwicklung, der Zusammenhang von Normalisierung und innenpolitischer Stabilität, die Bedeutung von Feindbildern herkömmlicher Art. Diesen Katalog müßte man allerdings durch den Hinweis auf die schwerwiegenden Wirtschaftsprobleme der DDR ergänzen. Mit dem oben angeführten Zitat wird jedoch auch auf einen bedeutsamen Sachverhalt aus unserer Thematik hingewiesen, nämlich auf den Zusammenhang von Nation-Konzept, Entwicklung des politischen Systems und konkreter Politik. Als Grundlage der weiteren Überlegungen muß insofern zunächst das Nation-Verständnis der SED-Führung[3] skizziert werden. Daran anschließen werden sich dann einige Impressionen über die nationalen Dispositionen.

5.1 Das Nation-Verständnis der SED-Führung

SED-Führung

Bis zum Ende der sechziger Jahre war die Haltung der SED-Führung zur nationalen Frage durch den prinzipiellen Willen zur Wiedervereinigung Deutschlands bestimmt. Im »Programm der SED« von 1963 z. B. (das ja erst 1976 geändert wurde), wurde dieser Wille ausdrücklich formuliert,[1] wie auch in theoretischen Schriften zur Nationenproblematik ideologisch untermauert.[2] Die Existenz einer deutschen Nation wurde nicht in Frage gestellt. »Die deutsche Nation ist in zwei sich feindlich gegenüberstehende Staaten geteilt, die auf entgegengesetzten sozialen Grundlagen beruhen. Dadurch hat sie keineswegs aufgehört zu existieren, sie befindet sich – historisch gesehen – im Übergangsstadium zur sozialistischen Nation, das seinen Abschluß findet, wenn die sozialen Existenzgrundlagen der Nation in ganz Deutschland erneuert sind.«[3] Noch in der Verfassung vom 6. 4. 1968 heißt es: »Die Deutsche Demokratische Republik ist ein sozialistischer Staat deutscher Nation.«[4] Die Beschäftigung mit der nationalen Frage ging von Stalins Nationenbegriff aus: »Eine Nation ist eine historisch entstandene stabile Gemeinschaft von Menschen, entstanden auf der Grundlage der Gemeinschaft der Sprache, des Territoriums, des Wirtschaftslebens und der sich in der Gemeinschaft der Kultur offenbarenden Wesensart... Es muß hervorgehoben werden, daß keines der angeführten Merkmale, einzeln genommen, zur Begriffsbestimmung der Nation ausreicht. Mehr noch: Fehlt nur eines dieser Merkmale, so hört die Nation auf, eine Nation zu sein.«[5]

Nation-Begriff

Kosing kritisierte jedoch bereits 1962 die Stalinsche Nationendefinition als unzureichend. »Die Nation«, so schrieb er, »... ist ... keine bloße Summe von Merkmalen, die ein zeitloses und klassenindifferentes Dasein außerhalb des gesellschaftlichen Entwicklungsprozesses führen ... Sie reduziert die Nation auf eine Zusammenfassung von Merkmalen, berücksichtigt aber nicht die Rolle der Nation im gesellschaftlichen Leben, klärt nicht die Entwicklungsgesetze der Nation und zeigt vor allem nicht die Wandlung der Nation unter Führung der Arbeiterklasse zur sozialistischen Nation. Die Nation ist eine gesellschaftliche Realität, die in einem langwierigen historischen Prozeß mit Notwendigkeit aus einem bestimmten Entwicklungsstand der gesellschaftlichen Produktivkräfte und Produktionsverhältnisse hervorgeht und als gesetzmäßige *Struktur-* und *Entwicklungsform* der menschlichen Gesellschaft in einem langen Zeitraum, nämlich im Kapitalismus, im Sozialismus und im beginnenden Kommunismus, eine notwendige Funktion erfüllt.«[6] Diese Entwicklungsgesetzlichkeit gilt auch für die deutsche Nation. Indem in der DDR unter Führung der Arbeiterklasse der Sozialismus verwirklicht worden sei, nahm sie im Gegensatz zur militaristischen und imperialistischen BRD die humanistischen und fortschrittlichen Traditionen der deutschen Geschichte in sich auf; zugleich erhob die DDR den alleinigen Führungsanspruch, weil sie die »wahren Interessen« des deutschen Volkes vertrete und sich in ihrer Entwicklung in Einklang befindet mit »den Entwicklungsgesetzen der menschlichen Gesellschaft«,[7] denenzufolge der Sozialismus in der DDR eben die notwendige Zwischenstufe einer Wiederherstellung der Einheit der deutschen Nation darstellt. »Indem die DDR die sozialistische Gesellschaft vollendet, hebt sie in einem Teil Deutschlands die nationale Gemeinschaft auf eine höhere Stufe, schafft sie das Vorbild für die künftige Entwicklung in ganz Deutschland und legt sie bereits die Grundlagen der einheitlichen sozialistischen deutschen Nation.«[8] Die Wiedervereinigung wurde unter der Voraussetzung eines Sieges der »friedliebenden« über die kapitalistischen, militaristischen und imperialistischen Kräfte in der Bundesrepublik Deutschland für möglich erklärt. Diese entwicklungsnotwendige Perspektive über die Zukunft der deutschen Nation veranlaßte Kosing im Jahre 1962 noch, Jaspers Gedanken über die Entwicklung Deutschlands zu zwei verschiedenen Nationen, die aus den unterschiedlichen gesellschaftlichen Entwicklungen hervorgingen, als »reaktionäre Utopie« zu bezeichnen.[9]

Kurskorrektur der SED

Anfang der 70er Jahre erfolgte die Kurskorrektur der SED in der nationalen Frage. Damit wurde ein Prozeß eingeleitet, der 1974 mit der Änderung der Verfassung und 1976 mit der Änderung des SED-Programms abgeschlossen wurde. Dabei schlug sich die Wandlung in der Haltung zur Deutschlandfrage auch in der Diskussion um den Nationenbegriff nieder.

Noch am 9. 11. 1969 war im »Neuen Deutschland«, dem Zentralorgan der SED, in einer ersten Reaktion auf die neue sozialdemokratisch-liberale Koalitionsregierung in Bonn von einem »sozialistischen Staat deutscher Nation« die Rede,[10] ebenso äußerte sich auch Walter Ulbricht noch in seinem Referat auf der 12. Tagung des ZK der SED im Dezember 1969.[11] In dem Text des Entwurfs des Vertrages »zur Aufnahme gleichberechtigter Beziehungen« zwischen den beiden deutschen Staaten, den Walter Ulbricht am 18. Dezember 1969 an Bundespräsident Heinemann übersandte, wird an keiner Stelle mehr die »deutsche Nation« erwähnt.[12] In einem wenige Tage später erschienen Artikel im »Neuen Deutschland« (v. 23. Dezember 1969) wurde der Vertragstext bzw. der -entwurf bereits als Absage an die Einheit der deutschen Nation interpretiert.[13] Am 14. Januar 1970 erstattete Willy Brandt den »Bericht zur Lage der Nation«, in dem der Wille zur Annäherung an die DDR und die nach wie vor bestehende deutsche Nation hervorgehoben wurden. In einer Rede, die Walter Ulbricht auf der internationalen Pressekonferenz am 19. Januar 1970 hielt und die man als Reaktion auf Brandts Bericht ansehen kann, tauchten erstmals Ansätze zur späteren »Zwei-Nationen-Parole« auf. Ulbricht erklärte dort: »Das ist die historische Realität: Die Deutsche Demokratische Republik ist ein sozialistischer deutscher Nationalstaat, die westdeutsche

Bundesrepublik ist ein kapitalistischer NATO-Staat, ...«.[14] Bereits ein Jahr später hieß es: »Die *bürgerliche deutsche Nation*, die sich im Prozeß des Übergangs vom Feudalismus zum Kapitalismus entwickelt und die im Rahmen eines einheitlichen Staates von 1871 bis 1945 bestanden hatte, *existiert nicht mehr*. Die DDR ist der sozialistische deutsche Nationalstaat, in ihr vollzieht sich der Prozeß der Herausbildung einer sozialistischen Nation. Dafür sind bereits unwiderrufliche Tatsachen entstanden.«[15] Als eine solche Tatsache hatte Ulbricht im Juni 1970 sogar schon die Auflösung der Gemeinsamkeiten der Sprache hervorgehoben.[16] Die Abkehr von der nationalen Formel der Einheit Deutschlands muß zunächst als Abgrenzungsversuch aufgefaßt werden. Diese Abgrenzungspolitik wurde auch von Ulbrichts Nachfolger Erich Honecker weiterverfolgt. Im Rechenschaftsbericht des ZK an den VIII. Parteitag der SED im Juni 1971 vollzog Honecker deutlich die Unterscheidung von »sozialistischen« und »bürgerlichen« Nationen.[17] Er erklärte: »Was die nationale Frage betrifft, so hat hierüber bereits die Geschichte entschieden... Mit der Errichtung der Arbeiter-und-Bauern-Macht und dem Aufbau der sozialistischen Gesellschaft entwickelt sich ein neuer Typus der Nation, die sozialistische Nation. Im Gegensatz zur BRD, wo die bürgerliche Nation fortbesteht...«[18] Dabei wird nicht ausgeschlossen, daß die gegenwärtig fortbestehende kapitalistische deutsche Nation in der BRD eines Tages aufgehoben und ihre Bevölkerung Teil der sozialistischen Nation werden kann. Denn die Nation hat ihre legitime und für die Zukunft gültige Form bereits in der DDR gefunden. Diese Trennung von »sozialistischer« und »bürgerlicher« Nation wurde in den folgenden Jahren immer strikter expliziert. Kurt Hager wies 1972 auf die Gegensätzlichkeit der kapitalistischen und sozialistischen Kultur hin und konstatierte die Herausbildung einer eigenständigen sozialistischen Kulturnation in der DDR.[19] In der Unterzeichnung des Grundlagenvertrages zwischen der Bundesrepublik Deutschland und der DDR im Dezember 1972 sah Hermann Axen eine entgültige Regelung der Deutschen Frage. Er schreibt: »Die sogenannte Deutsche Frage ist endgültig gemäß den Prinzipien des Völkerrechts entschieden. Es gibt (...) gar keine ›Deutsche Frage‹, sondern es gibt eben zwei souveräne, sozial entgegengesetzte Staaten und Nationen...«[20] Zur Bestimmung der Nation hatte Honecker bereits 1971 gesagt: »Man muß bei der Einschätzung der nationalen Frage von ihrem Klasseninhalt ausgehen.«[21] Für die theoretische Beschäftigung mit dem Nationenproblem wurden die sozialen Faktoren, d. h. die Klassenverhältnisse, besonders bedeutsam. Vor diesem Hintergrund explizierte Albert Norden am strengsten die

Abkehr von der Einheit Deutschlands

»Zwei-Nationen-These«; auf einem Vortrag am 3. Juli 1972 sagte er: »Es gibt nicht zwei Staaten einer Nation, sondern zwei Nationen in Staaten verschiedener Gesellschaftsordnung.«[22] Und konsequent von den Klassenverhältnissen als dem Bestimmungsfaktor einer Nation ausgehend, sagte er weiter: »In der kapitalistischen Ausbeutergesellschaft eines Landes existieren vom Gesichtspunkt der sozialen Klassenstruktur faktisch zwei Nationen.«[23] Auch in späteren Reden vor hohen Partei-Funktionären ist diese »Zwei-Nationen-These« immer wieder formuliert worden.

friedliche Koexistenz

Zugleich mit dem darin zum Ausdruck gebrachten strikten Abgrenzungswillen wurde immer wieder das »Prinzip der friedlichen Koexistenz« zwischen den beiden Staaten hervorgehoben, die auch friedliche (vor allem wirtschaftliche) Kooperation einschließt. »Friedliche Koexistenz bedeutet die Regelung der zwischenstaatlichen Beziehungen von sozialistischen und kapitalistischen Staaten auf der Grundlage der Gleichberechtigung der Staaten, der gegenseitigen Achtung ihrer Souveränität, der territorialen Integrität, der Nichteinmischung in ihre Angelegenheiten, die Entwicklung ökonomischer internationaler Zusammenarbeit auf der Grundlage des gegenseitigen Vorteils und die Lösung strittiger internationaler Fragen mit friedlichen Mitteln. Eine spezifische Form des Klassenkampfes zwischen Sozialismus und Kapitalismus auf internationaler Ebene.«[24]

Verfassungsänderung

Ihren fundamentalen Ausdruck fand diese Abgrenzungspolitik der DDR in der Änderung der Verfassung. In der am 7. Oktober 1974 verabschiedeten neuen Verfassung wurde jeder Hinweis auf die »deutsche Nation« oder auf die Wiedervereinigung getilgt. Im Gegensatz zur Verfassung von 1968 heißt es nun in Art. 1: »Die Deutsche Demokratische Republik ist ein sozialistischer Staat der Arbeiter und Bauern.«[25] Zugleich ist nunmehr nur noch von der »nationalen Selbstbestimmung« des DDR-Volkes die Rede, während in der Verfassung von 1968 die Verantwortung der »ganzen deutschen Nation« gegenüber herausgestellt wurde.[26]

Auch das neue Programm der SED vom Mai 1976 setzt diese Linie fort und verzichtet auf jeglichen Bezug zum Problem der Wiedervereinigung.[27] Auf der anderen Seite wird im neuen Parteiprogramm (wie auch in den theoretischen Schriften zur Nationenproblematik[28]) verstärkt die Integrationskonzeption der Annäherung der sozialistischen Nationen, das Ziel der intensiveren Zusammenarbeit der sozialistischen Länder und insbesondere die engere Bindung an die Sowjetunion proklamiert.

Der Bekräftigung dieser letzteren Zielsetzung diente auch der neue

»Freundschaftsvertrag« mit der UdSSR vom 7. Oktober 1975. Hans Mahnke meint, daß damit die Abgrenzungsideologie der DDR, die seit dem Grundlagenvertrag verstärkt propagiert worden ist, offiziell von sowjetischer Seite honoriert und akzeptiert wurde.[29]

Deutschland-Frage

Die veränderte Sehweise in bezug auf die »Deutschland-Frage« korrespondierte mit theoretisch-ideologischen Modifikationen des Nationbegriffs und einer Neuinterpretation der Nationenentwicklung im Rahmen der Entwicklungsgesetze der Gesellschaft. Oben wurde schon festgestellt, daß die Klassenfrage den wesentlichen Bestimmungsgrund der Nation bildet. In der Tat stellt die neue Auffassung über das Wesen der Nation insofern eine Modifikation des Stalinschen Nationbegriffs dar, als die von ihm aufgezählten Merkmale zumindest gewichtet werden und die sozialen Faktoren als die wesentlichen betrachtet werden. Zugleich findet eine stärkere Anknüpfung an das Nationenverständnis von Marx und Lenin statt.[30] Kosing und Schmidt schreiben, »daß die Entstehung und Entwicklung einer Nation von objektiven, materiellen Faktoren und den jeweiligen geschichtlichen Klassenkämpfen und Klassenkräften geprägt wird. Den Inhalt und Charakter der Nation ... bestimmen nicht in erster Linie gewisse ethnische, sprachliche und sozialpsychologische Momente, sondern die jeweiligen Grundlagen der Gesellschaft, die Klassenverhältnisse und das geschichtliche Handeln der Klasse, insbesondere der jeweils herrschenden, die Gesellschaft und Nation leitenden Klasse.«[31] Ähnlich beschreibt es Hermann Axen: »Die ethnischen Besonderheiten dürfen nicht geringgeschätzt werden, aber sie kennzeichnen nicht das Wesen der Nation, ihre sozialökonomische, klassenmäßige Struktur ... Nationale Bindungen entwickeln sich nie außerhalb oder neben den Klassen, sondern werden gerade durch Klassen geprägt. Nicht das Nationale steht über dem Klassenkampf, sondern Klassenbeziehungen und Klassenkämpfe bestimmen das Wesen der Entwicklung der Nation und der nationalen Frage.«[32]

Der Komplex der ethnischen, sozialpsychologischen Merkmale wird nun im Gegensatz zur Nation als »Nationalität« bezeichnet. »Der Begriff der Nationalität ist also enger als der Nationbegriff, denn er umfaßt nur eine der Komponenten der Nation und überdies nicht die ausschlaggebende.«[33] Entsprechend wird der DDR-Bevölkerung eine »deutsche Nationalität« zugestanden. Aus dieser Konzeption ergibt sich nunmehr eine veränderte Betrachtungsweise der gesetzmäßigen Entwicklung der Nation. So entwickelte sich die »deutsche Nation« als kapitalistische (oder bürgerliche) Nation mit der Entstehung der kapitalistischen Produktionsweise. Das Entstehen von Nationen war immer

Produkt der gesellschaftlich-ökonomischen und ideologischen Prozesse. Insofern, als der Kapitalismus eine notwendige Stufe der Entwicklung zum Sozialismus und Kommunismus darstellt, war die »kapitalistische Nation« Ergebnis der Entwicklungsgesetze der Gesellschaft und zugleich die Vorstufe zur Herausbildung der »sozialistischen Nation«. Diese Sichtweise bezeichnet Axen als die »konsequente und schöpferische Anwendung der marxistisch-leninistischen Theorie von der Nation und den nationalen Beziehungen...«[34] Da die DDR durch die »sozialistische Revolution« unter Führung der Arbeiterklasse »die Errichtung der Diktatur des Proletariats in Gestalt unserer Arbeiter-und-Bauern-Macht«[35] vollzogen hat, hat sie auch »die Voraussetzungen für den Übergang zu einem höheren Typ der Nation, der sozialistischen Nation...«[36] geschaffen. »Die Formulierung der sozialistischen Nation in der DDR ist... eine gesetzliche Konsequenz der objektiven gesellschaftlichen Umwälzungen vom Kapitalismus zum Sozialismus. Es ist unmöglich, die sozialistische Gesellschaft zu errichten, ohne zugleich die kapitalistische in die sozialistische Nation umzuwandeln.«[37] Mit der Umwandlung bildet sich im Laufe der Zeit eine eigene »sozialistische Nationalkultur« und ein »sozialistisches Nationalbewußtsein« heraus.[38] Dadurch, daß sich die DDR auf einer höheren Entwicklungsstufe befindet, ist jede Möglichkeit einer Wiedervereinigung mit dem System der Bundesrepublik Deutschland geschwunden, vielmehr befinden sich beide Nationen in einem »unüberbrückbaren Gegensatz« zueinander. Die Gründung der Bundesrepublik Deutschland und ihr Eintritt in die NATO werden jetzt aus dieser Perspektive interpretiert als Ereignisse, die die gesellschaftliche Entwicklung der »kapitalistischen« zur »sozialistischen« Nation und damit auch zu einer nunmehr fiktiven einheitlichen Nation blockiert haben.

Verhältnis beider Staaten

War also in den früheren Auffassungen der Nationenproblematik ganz Deutschland noch Gegenstand der Entwicklung zur »einheitlichen sozialistischen deutschen Nation«, so gilt diese Entwicklung nur noch für die DDR, in der sich die »sozialistische Nation« herausbildet. Es ist dabei konsequent, die Beziehungen zu den »sozialistischen Bruderländern«, die ja auf der gleichen nationalen (und das ist: gesellschaftlich-ökonomischen) Entwicklungsstufe stehen, zu favorisieren, mit dem Ziel einer »immer festeren Verankerung der DDR in der sozialistischen Staatengemeinschaft...«[39] und einer gemeinsamen Forcierung der gesellschaftlichen Entwicklung unter der Führung der Sowjetunion, der bedeutendsten sozialistischen Macht. Drei Punkte lassen sich als Fazit aus dieser Entwicklung des Nation-Verständnisses festhalten:

Nation-Verständnis der DDR

1. Die DDR stellt sich positiv zum Begriff der Nation. Sie vertritt einen

inhaltlich fixierten, wertgebundenen und wertbezogenen Nation-Begriff, der untrennbar verbunden ist mit dem Begriff der Klasse, des Klassenkampfes und des Sozialismus.

2. Die stärkere Konzentration des Nationbegriffs seit Ende der 60er Jahre auf den Sozialismus findet eine politisch-strategische Ergänzung in der Abgrenzungspolitik. Beide Elemente stehen in enger Wechselbeziehung. Denn mit dem Klassenfeind, der in der Bundesrepublik Deutschland eine kapitalistische Nation formiert hat, kann es keinerlei Gemeinsamkeit geben. Es kann keine nationale Gemeinschaft zwischen den Vertretern und Handlangern des Monopolkapitals auf der einen Seite und den Werktätigen auf der anderen Seite geben.
3. Zur sozialistischen Nation gehören alle Deutsche, deren Klassenstandpunkt sie – aus der Sicht der SED – auf der Seite des Friedens, des Fortschritts und des Sozialismus stehen läßt. Gerade der inhaltlich konzentriertere Nationalbegriff des letzten Jahrzehnts bleibt direkt oder latent offensiv. Die DDR vermag ihren Nationsbegriff als Kampfbegriff einzusetzen und dennoch als Integrationsinstrument, auch mit gesamtdeutscher Perspektive anzubieten. Wann dieses Instrument offensiv eingesetzt wird, liegt ganz in der Hand der DDR. Die sozialistische Nation und die damit verbundene Abgrenzungspolitik bedeuten lediglich eine strikte Absage an die Bourgeoisie in Deutschland, nicht an das Erreichen einer neuen Entwicklungsstufe der nationalen Frage, nämlich die Erreichung der wirklichen Freiheit von Person wie Nation im Sozialismus in Deutschland.

Die aufsehenerregende Rede Honeckers im Februar 1981 auf einer Bezirksdelegiertenkonferenz der SED in Ost-Berlin, wo er von der »Vereinigung beider deutscher Staaten« sprach, belegt dieses Fazit sehr nachdrücklich.[40] Honecker sagte dort, die Kommunisten seien entschlossen, das Werk Thälmanns, Piecks, Grotewohls und Ulbrichts im Sinne der Lehre von Marx, Engels und Lenins fortzusetzen. Daran könne sie niemand hindern. Honecker fuhr fort: »Und wenn heute bestimmte Leute im Westen großdeutsche Sprüche klopfen und so tun, als ob ihnen die Vereinigung beider deutscher Staaten mehr am Herzen liegen würde als ihre Brieftasche, dann möchten wir ihnen sagen: seid vorsichtig! Der Sozialismus klopft eines Tages auch an eure Tür, und wenn der Tag kommt, an dem die Werktätigen der Bundesrepublik an die sozialistische Umgestaltung der Bundesrepublik gehen, dann steht die Frage der Vereinigung beider deutscher Staaten vollkommen neu. Wie wir uns dann entscheiden, daran dürfte wohl kein Zweifel bestehen.«

5.2 Impressionen zu den nationalen Dispositionen in der DDR

Lage in der DDR

Die nationalen Dispositionen in der DDR entziehen sich bisher den Instrumenten einer nüchtern sezierenden empirischen Sozialforschung. Vieles erschließt sich bestenfalls auf Umwegen; über die Summe subjektiv gefärber Eindrücke, Erfahrungen aus dem Alltag der DDR, Impressionen von Reisen in die DDR, Briefen, biographischen Skizzen. Einige Beispiele mögen als anregende Hinweise dienen:
»Leben die Deutschen sich auseinander?« fragt Heinz Klunker und stellt fest: »Deutsche Fragen entscheiden sich im Mikrokosmos des doppeldeutschen Alltags, sie lassen sich nachbuchstabieren an den Verstörungen, die wir im alltäglichen Umgang miteinander spüren, an seinen Doppeldeutigkeiten und Fehlinterpretationen. Die sollen beileibe nicht bedauert oder beklagt werden, lassen sie doch hoffen, weil sie Defizite im Verständnis füreinander signalisieren.«[1]
Auf die Verbindung der Fragen nach Lebensstandard und Einschätzung des politischen Systems weist Hans Herbert Götz hin:
»In der Sprache von Marxisten ist die Lage in der DDR klar zu beschreiben: Die Widersprüche haben sich verschärft, und Widersprüche sind stets Elemente der Bewegung, vor allem der Unzufriedenheit. Die Politik von Honecker, die D-Mark gleichsam offiziell als zweite Währung in der DDR zuzulassen, sie vom Makel der Illegalität zu befreien, hat vielen DDR-Bürgern große Vorteile gebracht, zugleich hat sie die Unzufriedenheit verstärkt, auch bei treuen ›kleinen‹ SED-Genossen, die vielleicht nach dem Abschluß des Grundlagenvertrags ihre West-Kontakte abrupt abgebrochen haben und sich nun, zu Recht, als die ›Dummen‹ vorkommen. Sie können nun etwa den geliebten Kaffee zwar auch kaufen in den neuen Delikatessenläden, aber zu einem Preis, der zugleich drastisch sichtbar macht, um wieviel weniger wert die DDR-Mark gegenüber der D-Mark ist... Auch ist es nicht so, daß die DDR-Bevölkerung einfach alles schlecht findet, was die Führung wirtschaftspolitisch tut. Voll informiert darüber, was sich in der Bundesrepublik tut – vom Terrorismus bis zur Arbeitslosigkeit –, weiß sie wohl zu schätzen, was niedrige Mieten, stabile Preise für Grundnahrungsmittel und Beförderungstarife für das Familienbudget bedeuten, auch die unbestritten familien- und kinderfreundliche Sozialpolitik. Dies alles von der SED ständig hoch gepriesen, wird von der Mehrheit ungerührt ›mitgenommen‹. Allerdings tut man gut daran, zu unterscheiden zwischen der Stimmung in der Hauptstadt und den Regionen, mit oder ohne westliches Fernsehen... Was die Bevölkerung buchstäblich anwidert – und hier ist der Haß des Manifests wohl original –, ist der

schreckliche Byzantinismus der SED, der gesamte Stil des politischen Lebens, die wechselseitige langweilige Beweihräucherung in den Zeitungen, das ständige Beschwören der ewigen Freundschaft mit dem Sowjetvolk, das langweilige Fernsehen: Dies alles empfindet die DDR als fremd. Auch das tiefgestaffelte, perfekte System der Privilegierung, das die DDR von der Sowjetunion übernommen hat, ist verhaßt, auch weil es mit Sozialismus nichts zu tun hat.«[2]

Reise-Impressionen aus der DDR

Meine eigenen Eindrücke von einer Reise durch die DDR habe ich auf den Nenner gebracht: »Sie sprechen unbefangener von Deutschland als wir«[3]:

I.

Sind die Parolen an den Wänden mehr als die Beruhigung von Selbstzweifeln der Funktionäre? – Unser Gesprächspartner zuckt mit den Schultern. Er bemerkt die Texte nur noch, wenn sie krasse Schreibfehler enthalten. »Sozialismus ist das Glück des Volkes«, »Dreißig Jahre Kampf für Sozialismus und damit für den Frieden«, »Wir arbeiten für das Wohl der Werktätigen«, – die Gesichter der Menschen, die achtlos an dieser Monotonie vorüber hetzen, sprechen eine andere Sprache. Jenseits der ideologischen Kampfaufrufe fällt allerdings immer wieder ein Schild ganz eigener Art ins Auge. Kaum ein Hotel, kaum ein Restaurant, bei dem wir nicht zunächst konsterniert vor dem unübersehbaren Hinweis stehen: »Geschlossene Gesellschaft«, immer wieder »Geschlossene Gesellschaft«. Das Lokal ist fast leer, weitere Gäste werden nicht erwartet. Ein Platzanweiser wird auf uns aufmerksam, erfüllt unseren vorgetragenen Tischwunsch nicht, sondern schickt uns resolut in die entgegengesetzte Ecke. Bei einer anderen Gelegenheit wird jeder von uns in einem leeren Restaurant einzeln an verschiedene Tische plaziert. Die Erinnerung an Kafka wird wach, hier wird sie zum Ausschnitt der Wirklichkeit. Mehr und mehr drängt sich uns im Laufe der Reise die Erkenntnis auf, daß wir hier mehr als bloß die Logik der Planwirtschaft erleben, sondern vielmehr einem Symbol für die Lage der Menschen in der DDR begegnen: »Geschlossene Gesellschaft mit Platzanweisern«.

II.

Als die »Zeit«-Redakteure im März 1964 in die DDR reisten, gaben sie ihrem Erfahrungsbericht die Überschrift »Reise in ein fernes Land«. Trotz der vertraglichen Vereinbarungen der siebziger Jahre und den damit verbundenen menschlichen Erleichterungen hat sich daran im Grundsatz wenig geändert. Penible, umständliche Anmeldungsformalitäten, langfristige Festlegungen der Buchungstermine und der Reiserou-

te, dann die beklemmende Erfahrung der Grenzanlagen – dies alles schafft Distanz. Aber dann erscheint uns die Reise – geistesgeschichtlich, kulturell, menschlich – wie die längst überfällige Rückkehr zu unversiegten Quellen der Kultur. Luther, Goethe, Schiller, Bach – ihre Welt, ihr Erfahrungshorizont wird wieder greifbar. Goethes Arbeitszimmer verliert die museale Patina. Würde es uns wundern, wenn hier in Weimar der Meister an sein Stehpult träte?

Die SED-Führung hat zweifellos lange um ihr Verhältnis zur deutschen Geschichte gerungen. Für sie bestanden letztlich nur zwei Alternativen: Entweder totschweigen oder uminterpretieren. Ersteres wäre wohl zu risikoreich geworden. Also klären uns die Schrifttafeln über Goethe gewissermaßen als Vorläufer des Antifaschismus auf. Der Dank an das sowjetische Brudervolk ist für jeden Besucher unübersehbar am Eingang in Metall gegossen. Dies alles kann das Gespür geistiger Vertrautheit an diesem Ort nicht sprengen. Ähnlich auf der Wartburg: Vergeblich fragen wir nach einem Photo der Luther-Stube. Die Fremdenführerin beendet vorher ihren Rundgang und überläßt es jedem einzelnen, ob er noch zu dem berühmten Arbeitszimmer Luthers gehen will – vorbei an vielen Aufklärungstafeln über die Errungenschaften des Sozialismus. Das sozialistische Modellkrankenhaus, die sozialistische Modellschule, das ganze sozialistische Aufbauwerk – erst dann kann man sich in die Welt des Reformators zurückversetzen.

III.

Kirchen

Die christlichen Kirchen zeigen Selbstbewußtsein. Der Staat ist sichtlich um eine Entspannung der Beziehungen zu ihnen bemüht. Offenkundig fühlt er auch eine gewisse Entlastung, die die Kirchen im sozialen und caritativen Sektor bedeuten. Ganz sicher aber scheint der Staat gegenwärtig eine wirkliche Belastungsprobe im Verhältnis zu den einzigen stabilen Großorganisationen zu scheuen, die ihre Distanz zum System nicht verhehlen. Aber dennoch wollen die Kirchen in der DDR nicht mehr sein als Kirche im traditionellen Sinne: innerweltliche Repräsentanz der Transzendenz, nicht oppositionelle Kampforganisation gegen das politische System. Die Gesellschaftsordnung schweißt die Gemeindemitglieder zusammen. Dieses dominierende Gefühl, im solidarischen Miteinander zur Gemeinde werden zu müssen, die den einzelnen auch Repressalien trotzen läßt – dieses Gefühl läßt manchen theologisch spitzfindigen Streit in der Weltkirche hier unbeachtet vorüberziehen. Theologische Grabenkriege kennt man nicht, der pastorale Alltag ist ausreichende Bewährungsprobe.

Die Sonntagspredigt des Pfarrers vergleicht die aktuelle Situation der

Menschen in der DDR mit der jener Opfer der Bergbaukatastrophe von Lengede: Die Menschen saßen und sitzen in einem tiefen, verschütteten Schacht; eine Luftblase ermöglicht ihnen, weiter zu atmen; sie warten voll Sehnsucht auf die Klopfzeichen der Retter, auf die Klopfzeichen der Hoffnung.

IV.

Die Menschen in der Kirche vollziehen hier mehr als sonntägliche Routine. Gerade die Jugendlichen wissen, welche Konsequenzen ihr Mittun haben kann. Wertbekenntnisse verlieren sich hier nicht in Unverbindlichkeiten. Aber dennoch, oder vielleicht deshalb: Wir feiern gemeinsam das Fest der Gemeinde.
Der Kontrast könnte nicht drastischer sein: Die Gedenkstätte des ›Eisenacher Parteitags‹ von 1969, bei dem die Sozialdemokratische Arbeiterpartei (SDAP) gegründet worden war, liegt nur spärlich beleuchtet vor uns. Der Verwalter öffnet auf unser Klingelzeichen und wir können uns in sozialistischer Geschichtsbetrachtung unterweisen lassen. Seinen Text beherrscht der überbeflissene Verwalter absolut perfekt: Uns reicht es schon nach zwei Minuten.

V.

Kultur

Wer die Kulturstatistiken der DDR liest, muß beeindruckt sein. Breiteste Schichten werden mit den Kulturgütern vertraut gemacht. – Wir wollen in der Staatsoper Leipzig eine Aufführung von ›La Bohème‹ mit dem Gewandhausorchester besuchen. Die Kartenverkäuferin wertet unsere kurzfristige Anfrage geradezu als Provokation. Selbstverständlich ist auch diese Vorstellung seit langem restlos ausverkauft. Die Statistik scheint sich nachhaltig zu bestätigen. Wir versuchen unser Glück vor der Abendkasse. Junge Pioniere bieten freundlich ihre Karten zu Sonderpreisen an. Ihre Brigaden sind ebenso wie viele Betriebskollektive zum Besuch der Oper verplant worden. Den Jugendlichen steht nicht der Sinn nach Puccini. Nach dieser Vorgeschichte wundert es uns nicht, daß die Plätze dieser längst ausverkauften Vorstellung bestenfalls zur Hälfte besetzt sind. Die Unlust der Sänger auf der Bühne findet ihre Entsprechung in dem Desinteresse des hierhin verplanten Publikums. Wird die Musik lauter, schwillt auch der Gesprächspegel an. Die Atmosphäre erinnert an die eines Wartesaals in einem Großstadtbahnhof.

VI.

Von Weimar ist nur eine kurze Wegstrecke bis zum KZ Buchenwald zurückzulegen. Höhen und Tiefen menschlicher Kultur liegen ganz dicht

beieinander. Die Stille des Konzentrationslagers, das die perversesten Seiten menschlicher Existenz erlebt hat, ergreift uns. Folterinstrumente, Genickschußanlage – welch niederträchtige Schergen eines Unrechtsstaates, die hier die Hebel bedienten.
Auf der Rückfahrt passieren wir die Kasernen und Wohnungen der sowjetischen Truppen. Hohe Mauern lassen die unwirtlichen Häuser auch äußerlich zu Ghettos werden. Den Parolen der Bruderschaft von Sowjetunion und DDR steht die absolute Distanz zwischen sowjetischen Truppen und Bevölkerung in der DDR gegenüber.
Bei dieser Fahrt vom KZ Buchenwald vorbei an den sowjetischen Kasernen und dann weiter nach Dresden drängen sich Parallelen auf. Was prägt den Alltag der Menschen in totalitären Diktaturen, gleich welcher Provenienz, damals wie heute? Welche Wirkungen zeigen die feinen Mechanismen, mit denen totalitäre Systeme im Alltag Vorbehalte brechen, Zustimmung erzwingen und Unterstützung erhalten wollen? Diese Fragen lenken den Blick auf die subjektive Lebenswirklichkeit mit all ihren Abgründen eines skrupellosen Egoismus, mit den kleinen und großen Leiden, mit den Irrwegen verführter Hoffnungen, mit dem stillen Sich-Einreihen von Tausenden und Abertausenden, mit der Größe und Tragik des Aufbegehrens. Die Parallele aller totalitären Systeme liegt im Ineinandergreifen verschiedener Wirklichkeiten – der alltäglichen Normalität wie der Inhumanität des politischen Systems. Fragmente der alten bürgerlichen Kultur existieren ja neben der neuen totalitären Wirklichkeit weiter. Jedes Verhalten wird dadurch zwangsläufig doppeldeutig, weil der verläßliche Interpretationsrahmen fehlt; was dem einen als ordinärer Opportunismus erscheint, dünkt dem anderen als exemplarische Größe einer moralischen Persönlichkeit. Beispielsweise kann die Tätigkeit des Lehrers gleichzeitig als pädagogisches Engagement, aber auch als Stützung des Regimes gewertet werden; der sportliche Erfolg, die musische Meisterleistung wird vor allem als Sieg des jeweiligen Systems gefeiert. Der selbstlose Einsatz für den Nachbarn wird offiziell als Option für das Regime gewertet. Die Sogwirkung des totalitären Systems erfaßt in ihrer verfälschenden Wirkung letztlich alle Lebensäußerungen. So wird auch verständlich, wie eng Versagen und Größe, Tragik und Erfolg, Verrrat und Opfermut beieinander liegen.

totalitäres System

VII.

Die Dresdner Altstadt liegt vor uns in ihrer ganzen faszinierenden Schönheit. Die Restauration der Kunstdenkmäler versunkener Epochen zählt sicher zu den Meisterleistungen, hier wie in anderen großen Städten der DDR. Etwas abseits der Hauptroute ist allerdings noch vieles dem

Kunst

Verfall ausgesetzt. Vor dem einen oder anderen Kunstwerk sieht man Baugerüste – aber auch diese stehen inzwischen offenkundig schon so lange, daß sie unter Denkmalschutz gestellt werden müßten.
In einem Dresdner Museum erfahren wir von der Führerin neben sehr vielen Daten über die ausgestellten Kunstwerke auch, daß der heutige Bürger in der DDR zu künstlerischem Tun doch offenkundig unfähig werde, da er mit seiner eigenen Versorgung, dem stundenlangen Schlangestehen zeitlich völlig ausgelastet sei.
Dieser Vorgang erweist sich als symptomatisch: Es verstreicht kaum eine Situation, in der nicht – passend oder unpassend – die Not der alltäglichen Versorgung mit Konsumgütern thematisiert wird.

wirtschaftliche Lage

Die wirtschaftlichen Schwierigkeiten der DDR sind bekannt, aber ihre provozierende Konsequenz für den Bürger zeigt sich im konkreten Mangel: lange Schlangen vor jedem Geschäft, das begehrte Waren momentan einmal anzubieten hat; jeder weiß, daß praktisch jedes Qualitätsprodukt der DDR exportiert wird; erst das Privileg, West-Geld zu besitzen, läßt den einen oder anderen bescheidenen Wunsch erfüllen; vor Weihnachten gibt es keine Weihnachtskerzen, kaum jemand erscheint wirklich überrascht; auf dem Markt signalisieren die langen Schlangen, wo sich vielleicht mit viel Geduld Schneisen in die Engpässe der Versorgung schlagen lassen. In einem Café berichtet uns ein freundlicher Herr, daß er einen ganzen Tag vergeblich unterwegs ist, um eine Flasche Weinbrand für sein Festtagsmenü zu erhalten. Als Ergebnis kann er nur berichten, daß er zwar keinen Weinbrand erhalten hat, daß man ihm aber in einem anderen Geschäft Hoffnungen auf das Eintreffen eines Festtagsbratens in absehbarer Zeit gemacht hat. Dann wird er wohl wieder einen Tag investieren. Er trägt alles mit Humor; eine ganze Kaskade von Witzen über die Partei gibt er uns mit auf den Weg. Dieses Erlebnis bleibt kein Einzelfall: Man lehnt sich nicht auf; dies würde doch nichts ändern – so meint man. Man sucht seine Nische, in der man sich einrichten kann. Auf allen denkbaren und undenkbaren Wegen ist man ständig aktiv und emsig besorgt, seinen privaten Wohlstand zu mehren. Nirgendwo sonst hat wohl die Flucht in das Privatleben so dramatische Züge angenommen wie hier.
Wir suchen das Gespräch. Die Menschen in der DDR, die Verkäuferin wie der Pfarrer, der Arbeiter wie der FDJler, gehen viel selbstverständlicher und ohne die bei uns üblichen Verkürzungen mit dem Begriff »Deutschland« um. Für sie verbindet sich mit der Hoffnung auf eine Lösung der Deutschen Frage die diffuse Aspiration der politischen Veränderung. Es gibt wohl keinen eindringlicheren Beleg für die Erkenntnis: Die Deutsche Frage bleibt offen.

Diese Momentaufnahmen machen noch einmal besonders deutlich, daß eine Erörterung der nationalen Frage in Deutschland gewissermaßen als zweite Seite der Medaille die differenzierte Analyse der Lage, der Entwicklungen und Probleme der DDR mit einbeziehen muß. Und diese Seite der Medaille konfrontiert den Beobachter mit immer neuen Fragezeichen. Mutmaßungen über das Selbstbewußtsein der Gesellschaft in der DDR, über die Identifikationsbereitschaft, über den Grad der Zufriedenheit und des Stolzes auf erreichte Leistungen oszillieren heute nicht weniger als früher. Auch in bezug auf die DDR wird man nicht dem Fehler unterliegen dürfen, ein aufkeimendes, zwangsläufig leicht verletzbares Staatsbewußtsein als Antinomie zur Nation zu begreifen. Zweifellos hat sich in der DDR inzwischen ein Staatsbewußtsein herausgebildet,[4] auch wenn dieses Staatsbewußtsein weitgehend negativ motiviert ist und seine Konturen vor allem aus der Abgrenzung erhält. Dieses Staatsbewußtsein, dessen instabile Grundstruktur durch die Äußerungen oppositioneller Kräfte wieder deutlich geworden ist, manifestiert sich auch als Zusammengehörigkeitsgefühl gegen den Staat, als Gefühl des gemeinsamen Erleidens des Staates, also gewissermaßen als ein sozialistisches Negativ-Staatsbewußtsein, das ja nicht daran hindert, sich als Solidargemeinschaft zu verstehen.

Staatsbewußtsein

Die Lagebeurteilung der DDR muß zweifellos sehr nüchtern und differenziert vorgenommen werden, will man eine rationale Grundlage deutschlandpolitischer Entscheidungen formulieren. Trotz zahlreicher positiver Ansätze in dieser Richtung gewinnt man den Eindruck, daß die ironisch skeptische Frage nach unserem Bild der DDR nach wie vor angemessen zu sein scheint: »Ist es mehr als das absichtsvolle Konglomerat aus Zufalls-Gesprächen und Sozialprodukts-Daten, Schaufenster-Blicken und knochentrockenen offiziösen Kernsätzen, das die flüchtige Visite oder der raffende Bericht erbringt?«[5]

Gerade in den letzten 10 Jahren, in denen sich die Beschreibungen der DDR auf ein gewisses Schema eingependelt hatten, rückten dann zwei aktuelle Entwicklungen in den Vordergrund, die gerade in ihren möglichen langfristigen Konsequenzen besondere Aufmerksamkeit verdienen: Äußerungen oppositioneller Kräfte in der DDR, Probleme der wirtschaftlichen Lage in der DDR.

Beide Aspekte sind nicht neu, besitzen vielmehr eine gewisse Kontinuität in ihrem immer wieder neuen Aufkeimen. So hat bereits 1972 Hermann Rudolph auf beide Entwicklungen in einer Perspektive verwiesen, die auch heute bedeutend erscheint:

- Im Zusammenhang mit oppositionellen Erscheinungen wird ein Spezifikum deutlich:

»Im Rahmen einer sozialistisch durchgekneteten und eingegrenzten Gesellschaft kann sich politische Kritik nur als Votum für einen veränderten Sozialismus verstehen und, gegebenenfalls, artikulieren, weil andere politische Verfassungen von hier aus als reale Möglichkeit gar nicht vorgestellt werden können.«[6]

wirtschaftliche Entwicklung

- Auch die gesellschaftliche Rezeption der wirtschaftlichen Entwicklung entzieht sich in der DDR nicht dem Sog des Alltäglichen, dem Verwiesensein des Menschen auf seinen persönlichen Erlebnisraum: »Versucht man zu beschreiben, was die Wirkung des Versuches der DDR-Führung, die Gesellschaft einem fortdauernden Prozeß der Formulierung und Indoktrinierung zu unterziehen, begrenzt, so gerät man an Umstände, die sich politisch eigentlich nicht qualifizieren lassen. Vor allem ist es, im konkreten, die Abneigung gegen das Sich-Strecken nach der zu knapp gehaltenen Decke, also gegen den aufgenötigten Konsumverzicht und den mühsamen Gang des Alltags; weiter dann der Vorbehalt gegen das Verwiesensein auf die Zuteilungen der bürokratischen Staatsmaschine überhaupt.«[7]

Beide oben genannten Aspekte sind also schon seit längerer Zeit festzustellen. Was aber im Grundsätzlichen ihre besondere Brisanz ausmacht, ist ihre spezifische Verknüpfung, die in drei Punkten auszudifferenzieren ist:

Opposition

- Zunehmend äußern sich oppositionelle Kräfte, die einerseits ihre Kritik als Votum für einen veränderten Sozialismus verstehen, die andererseits aber nicht bei abstrakten Theoremen, sondern bei handfesten Phänomenen des Alltags ansetzen; Stimmen also, die in beiden Hinsichten aus der persönlichen Erfahrungswelt eines Bürgers in der DDR nachvollziehbar sind und die sich in den letzten Jahren auch in einer ganz spezifischen Weise mit Vertretern der kritischen Literatur verbanden. So erhellt beispielsweise Reiner Kunze in seinen kurzen Prosastücken in ›Die wunderbaren Jahre‹ in Form von Streiflichtern das Alltagsleben in der DDR.[8] Er berichtet von Oberschülern, die im Klassenraum eingeschlossen werden, damit sie nicht zur Beerdigung eines durch Selbstmord gestorbenen Mitschülers gehen können; eine Schülerin wird bürgerlicher Neigungen verdächtigt, weil sie eine Nickelbrille trägt; ein Lehrling gerät in Schwierigkeiten, weil er in seinem Zimmer im Wohnheim eine Bibel stehen hat.
- Wirtschaftliche Schwierigkeiten, die die Fluchtpunkte des einzelnen in der DDR, seine persönlichen Bedürfnisse treffen, indem beispielsweise geschaffene Konsumerwartungen enttäuscht werden, treten deutlicher in den Vordergrund. Die klassische Ursache von

Krisen, nämlich die sich öffnende Schere zwischen Erwartungen und Erfüllungen, zeichnet sich ab.

- Die Verknüpfung beider Elemente in Ansatzpunkten, die Alltagserfahrungen aufgreifen und thematisieren, dies scheint der wesentliche Zugang zu den aktuell zu beobachtenden Phänomenen in der DDR zu sein. Sie erhält ihr zusätzliches Gewicht durch die verdichtete Kommunikation zwischen den Bürgern im geteilten Deutschland. Die Gesellschaft in der Bundesrepublik als ständigen Bezugspunkt, das Vorhandensein der Produkte westlicher Wirtschaft, gleichgültig ob direkt erreichbar oder über das Westfernsehen vermittelt, dies führt zu einer »Vergegenständlichung der Idee der nationalen Einheit im Alltag . . ., wie sie prägender kaum vorstellbar ist. Der tägliche Vergleich setzt gedankliche Assoziationen und psychische Mechanismen frei, die ihre Eigendynamik entwickeln.«[9] Dieser Gesichtspunkt ist insofern bedeutsam, als wir eine Asymmetrie in der Beziehung zwischen beiden Gesellschaften feststellen.

Bundesrepublik Deutschland

Die Bundesrepublik Deutschland ist gewissermaßen der Maßstab, das Vergleichs- und Bewertungssystem für die Bevölkerung der DDR, nicht hingegen umgekehrt die DDR der Maßstab für die Bundesrepublik. Darin liegt auch die besonders hohe Bedeutung der bundesrepublikanischen Massenmedien für die DDR begründet. Da es in der DDR keine freie öffentliche Meinung gibt, erwächst für die Massenmedien der Bundesrepublik die Aufgabe, für die Bevölkerung der DDR zur Selbstwahrnehmung ihres eigenen Systems beizutragen.[10] Gerade aus dieser Vergleichsfunktion heraus bleibt das Legitimitätsdefizit der DDR-Führung präsent, auch wenn man daraus nicht den Schluß ziehen darf, daß in der DDR eine besonders ausgeprägte Kenntnis der komplizierten Verfahren, offenen Meinungs- und Willensbildungen, vielfältigen Konflikte einer parlamentarischen Demokratie vorhanden wäre. Vor diesem Hintergrund gab es in den vergangenen Jahren manches Symptom für einen instabileren Zustand des politischen und gesellschaftlichen Systems der DDR[11]: Die Künstlerausweisungen und die Solidarisierung mit den Ausgebürgerten; die Zunahme der Anträge auf Ausreise; die verstärkte Rücksichtnahme auf die Konsumbedürfnisse der DDR-Bevölkerung; das Erscheinen des sog. SED-Manifests[12] (Jan. 1978) (auch die heftige Reaktion der DDR-Führung darauf); eine wachsende Kontrolle an Schulen und Hochschulen[13]; die strikte Abgrenzungspolitik gegenüber dem Westen (insbesondere gegenüber geistigen oder »ideologischen« Einflüssen, besonders auch durch den Eurokommunismus); die Ausweisung westlicher Journalisten; die Reaktion auf Nico Hübner[14]; und nicht zuletzt das Erscheinen von Bahros

SED-Manifest

Buch ›Die Alternative‹.[15] Das »SED-Manifest« nimmt dabei einen direkteren Bezug zur nationalen Frage in Deutschland, als es Bahro in seiner »Alternative« tut. Die Autoren proklamieren, »die Einheit der kommunistisch-demokratischen Kräfte in Deutschland herzustellen«,[16] mit dem Ziel, »in ganz Deutschland auf eine demokratisch-kommunistische Ordnung hinzuwirken«.[17] Und sie unterstreichen dazu: »Wir sind für eine offensive nationale Politik, für ein Konzept, das auf die Wiedervereinigung Deutschlands zielt, in dem Sozialdemokraten, Sozialisten und demokratische Kommunisten ein Übergewicht gegen die konservativen Kräfte bilden.«[18] Zu den ständigen Anpassungsbemühungen der SED hinsichtlich der nationalen Frage heißt es: »Keine pseudotheoretischen Haarspaltereien um die Nation schaffen das praktisch ungelöste nationale Problem aus der Welt. ... Alle Machtkämpfe im Politbüro –. . .– waren mit der nationalen Frage verbunden.«[19] Wichtig erscheint auch, daß das sowjetische System als der eigenen nationalen Entwicklung wesensfremd und aufoktroyiert dargestellt wird: »Rußland hat weder eine Reformation noch eine Aufklärung noch eine liberale Zivilisation kennengelernt. Partei und Staat der heutigen Sowjetunion sind dementsprechend geprägt. Eine theokratische Gesellschaft mit zum Teil vorchristlichen Mythen, mit großrussischem Nationalismus, mit einer antisemitischen, antidemokratischen, antinationalen Denk-, Sprach- und Verhaltensweise kann in Westeuropa nur Widerwillen erwecken. Wir bestehen auf dem Recht, unseres eigenen deutschen nationalen Weges zum Sozialismus, was uns Moskau verbal stets zuerkannte, aber politisch immer verweigert hat.«[20] Und bezeichnenderweise heißt es etwas später ergänzend: »Nathan der Weise steht uns näher als die leninistische Version des Kommunismus.«[21] Das Manifest sieht Deutschland als »eine Brücke zwischen Ost und West« und fordert: »Zulassung aller BRD- und DDR-Parteien in ganz Deutschland, freie, geheime Wahlen zur Nationalversammlung, Konstitutierung einer Nationalversammlung zur Ausarbeitung einer Verfassung, stufenweise Rechtsangleichung in allen gesellschaftlichen Bereichen.«[22] Dieses Programm steht in einem diametralen Gegensatz zur Deutschland-Politik der SED, auch zu ihren früheren gesamtdeutschen Initiativen.[23]

Völlig unabhängig von der Frage der Autorschaft und der Authentizität des Manifests, das insgesamt ein wirres Gemisch von unterschiedlichen ideologischen Positionen, teilweise widersprüchlichen Ideen mit vergleichsweise niedrigem ideologischen und sprachlichen Niveau darstellt, ist davon auszugehen, daß die Hauptgedanken des Manifests wie die systematischeren Analysen Bahros eine durchaus breite Stimmung der Bevölkerung in der DDR wiedergeben, indem sie vielfältige Alltagserfahrungen – auch und gerade in ihren antisowjetischen Akzenten – widerspiegeln. Indem diese Strömungen öffentlich gemacht werden, zur Diskussion stehen, erhalten sie ihre eigentliche Brisanz; durchaus im Unterschied zur Opposition früherer Jahre, die zunächst weniger die Ziele als die Mittel zu ihrer Durchsetzung kritisierte; so die Gruppe um Franz Dahlem, Wilhelm Zaisser und Rudolf Herrnstadt (1953); auch im Unterschied zu den intellektuellen Absichten eines Wolfgang Harich (1956) oder der Wirtschaftswissenschaftler Fritz Behrens und Arne Benary bzw. dann später (1958) der Gruppe Karl Schirdewan, Ernst Wollweber, Gerhard Ziller, Fred Oelssner, Fritz Selbmann.[24] Heute geht es nicht um Einzelheiten eines zweckmäßigeren Kurses, sondern um das Angebot einer Verknüpfung sowohl der Aufarbeitung leidvoller Alltagserfahrungen, als auch der subtil analysierenden Kritik mit der Vision einer künftigen Gesellschaft, nicht zuletzt mit der Lösung der nationalen Frage in Deutschland. Die Heftigkeit und auch die ungewöhnliche Schnelligkeit, mit der die DDR auf die Veröffentlichung des Manifests reagierte, verweisen darauf, daß die SED die Tragweite dieser Vorstöße erkannt hat. Denn in der DDR verbindet sich mit der nationalen Frage die diffuse Aspiration, daß sich *alles* ändern würde.

SED-Führung

6. Politisch-strategische Konsequenzen

Unter der Überschrift »Von der Détente zum Argwohn« zog Pierre Hassner eine Zwischenbilanz der Entspannungspolitik:

> »Wandeln sich die Ost-West-Beziehungen in Europa von einer Epoche der ›Détente‹ zu einer des Argwohns? Sieht man die Wolken, die sich zusammenziehen, so darf man diese Frage stellen. Gewiß, die ›Entspannung‹ barg stets und definitionsgemäß grundsätzliche Widersprüche. Der Übergang vom ›Kalten Krieg‹ zum ›Heißen Frieden‹ begünstigte die Stabilität durch die Anerkennung des Status quo, setzte aber zugleich Kräfte der Veränderung frei, die verschiedenartigste und unvorhersehbare Konflikte auslösen können. Heute wird die Schärfe der Widersprüche deutlicher erkennbar. Soll die Analyse den Akzent auf die Entspannung oder auf die Konflikte legen, auf die Stabilität oder auf den Wandel, auf die Versöhnung zwischen Blöcken und Nationen oder auf die Verschiebung der Kräfte?«[1]

Ost-West-Beziehungen

Dieses Urteil verdeutlicht die Ambivalenz des Entwicklungsstandes in den Ost-West-Beziehungen, die Vielfalt der aktuellen oder potentiellen Konflikte; oszillierende Nuancen eines Prozesses, der sich zwischen komplizierten politischen Magnetfeldern internationaler, transnationaler und innenpolitischer Art vollzieht. Im Kontext dieser Rahmenbedingungen wollen wir die Ergebnisse unserer Untersuchung festhalten und einige Konsequenzen daraus ableiten.

Jede politische Strategie bedarf der Orientierungspunkte, der Bezugsmarkierungen und der Beurteilungsmaßstäbe. Aus diesen lassen sich erst der Zusammenhang der Optionen, die Priorität der Ziele und der adäquate Einsatz der Mittel begründen. Die bisherigen Ergebnisse der Untersuchung sollen in dieser Sicht das orientierende Fundament für die anschließend zu ziehenden Konsequenzen bieten.

Halten wir den Kern unserer Überlegung fest:

- Die Deutsche Frage besitzt eine normative Wurzel. Sie ist nicht als Ergebnis eines Teilungsplanes der Alliierten entstanden, sondern sie ist ganz wesentlich Ausdruck des Verlangens desjenigen Teiles des deutschen Volkes, der die Freiheit der Selbstbestimmung besitzt, diese wiedergewonnene Freiheit nicht wieder zu verlieren. Dieser normative Ausgangspunkt ist letztlich auch das Fundament für den grundlegenden Dissens beider deutscher Staaten über die Nation.
- Der Begriff der Nation wurde im Laufe der Geschichte mit unterschiedlichen Verständnissen begleitet. Wie andere Grundbegriffe

des politischen Lebens ist er unterschiedlich interpretierbar, auch wenn er sich auf einen diffusen, vorgefundenen Konsens bezieht. Der Kampf um die Interpretation dieses Begriffes stellt einen Teil des politischen Machtkampfes dar. Die Durchsetzung einer spezifischen Variante des Nationverständnisses hat damit konkrete politische Konsequenzen.

Dissens

- Dies gilt auch für den fundamentalen Dissens über den Begriff der Nation zwischen beiden deutschen Staaten. Beide laden den Begriff mit unterschiedlichem, ja gegensätzlichem normativen Gehalt auf. Die DDR bindet ihn an Klassenkampf und Sozialismus. Die Position der Bundesrepublik Deutschland ist geprägt von unterschiedlichen Varianten des Nation-Begriffs (Kulturnation, Staatsnation), die die Parteien, zum Teil im Meinungsstreit, vertreten. Der geschlossenen Position der DDR steht also eine differenzierte Positionsbeschreibung in der Bundesrepublik Deutschland gegenüber.
- Die Beziehungen zwischen beiden deutschen Staaten sind als »Beziehungen besonderer Art« weitgehend geprägt durch diesen Grunddissens zur nationalen Frage, der sogar im Grundlagenvertrag kodifiziert worden ist. Durch diese Kodifizierung wird der nationale Dissens zu einem Element ständiger Begleitung einer Politik, die sich auf dieser Rechtsgrundlage bewegt. Die gemeinsame Rechtsgrundlage im Grundlagenvertrag erklärt die nationale Frage zu einem offenen Konflikt, der unentschieden ist, gewissermaßen in der Schwebe bleibt. Die normative Bindung der Nation an Freiheit und Selbstbestimmung, die in früheren vertraglichen Vereinbarungen der Bundesrepublik betont und deren politischer Primat als unverrückbar angesehen wurde, steht damit nunmehr in offener Konkurrenz zur Bindung der Nation an Sozialismus und Klasse, und es bleibt dem Ergebnis des Interpretationskampfes überlassen, welche Bindung sich letztlich durchsetzen wird. Dieser Interpretationskampf kann sich im Unterschied zu früheren Auseinandersetzungen, wo gewissermaßen zwei unterschiedliche Nationverständnisse einfach nebeneinander standen und das freiheitliche Konzept als unverrückbare Grundlage postuliert wurde, nun eines gemeinsamen Instruments bedienen, nämlich des Grundlagenvertrages, und damit des Rahmens aller weiteren deutschlandpolitischen Bemühungen. Damit sind die Ansprüche konkreter festzumachen als in früheren Jahrzehnten, wo sie mangels institutionalisierter Bezugspunkte diffuser verlaufen mußten.

DDR

- Die DDR geht diesen Konflikt im Ringen um die legitime Repräsentanz der deutschen Nation offensiv an. Sie stellt sich positiv zum

Begriff der Nation, den sie wertbezogen mit dem des Klassenkampfes und des Sozialismus verknüpft. Die verstärkte Abgrenzungspolitik der DDR ist kein Abrücken vom wertgebundenen Nation-Begriff – wie manch eine vordergründige Beobachtung meinen läßt –, sondern der konsequente Vollzug einer konzentrierteren Positionsbestimmung. Die DDR vermag ihren Nationbegriff, je nach Bedarf, als Kampfbegriff und dennoch als Integrationsinstrument, auch mit gesamtdeutscher Perspektive, einzusetzen.

– Die Position der DDR wird gegenwärtig nicht nur dadurch erschwert, daß sich bei vielen Bürgern in der DDR mit einer möglichen Lösung der nationalen Frage die diffuse Aspiration verbindet, daß sich alles ändern würde. Virulent wurden die Schwierigkeiten allerdings vor allem durch drei Entwicklungen:
  a) die Artikulation einer Opposition in der DDR, die ihre Kritik so formuliert, daß sie für einen Bürger in der DDR aus seiner persönlichen Erfahrungswelt nachvollziehbar ist;
  b) die wirtschaftlichen Probleme, in deren Folge die Konsumerwartungen empfindlich getroffen werden;
  c) die intensivierte Kommunikation zwischen den Bürgern im geteilten Deutschland, die für die Gesellschaft in der DDR die Bundesrepublik als ständigen Bezugspunkt und als ständiges Bewertungssystem intensiver erfahren läßt.

Bundesrepublik Deutschland und die deutsche Nation

– In der Bundesrepublik Deutschland gehört der Begriff der Nation nicht zum unbestrittenen Bezirk der Gemeinsamkeit zwischen den Parteien, trotz des gemeinsamen Bekenntnisses zum Auftrag des Grundgesetzes. Diese unterschiedlichen Akzentsetzungen im Nationverständnis der Parteien besitzen ihr Pendant in unterschiedlichen Auffassungen dazu in der Bevölkerung. Der empirische Befund ergibt, daß die Forderung nach Einheit der Nation nach wie vor ein gewichtiges politisches Anliegen der Bürger in der Bundesrepublik Deutschland ist. Die Bevölkerung besitzt in bezug auf dieses Ziel eine sehr positive Prädisposition. Der bundesrepublikanische Bürger ist am Schicksal des Mitbürgers in der DDR stark interessiert.

– Dabei werden jedoch gerade in der Bundesrepublik Deutschland die Probleme einer kollektiven Identifikation offenkundig, als Schwierigkeiten eines Staates, der permanent über sich selbst hinausweisen muß und dies unter der besonderen Herausforderung, die Schnittlinie zwischen zwei antagonistischen Ordnungssystemen zu markieren. Etliche Probleme besitzen ihre tieferliegende Ursache jedoch in den elementaren Verwerfungen deutscher Geschichte, in der Erfahrung der Perversion des Nation-Verständnisses und seiner Hyposta-

sierung zu pseudoreligiösem Widersinn. Auch die Frage nach Vereinbarkeit oder Gegensatz zwischen dem Streben nach Einheit der Nation und dem Ringen um europäische Integration scheint für viele noch nicht in ausreichendem Maße und überzeugend beantwortet.
- Insofern stellt sich in der Bundesrepublik Deutschland das schwierige Problem, einerseits einen spezifischen Zugang zur nationalen Frage zu besitzen, einen Interpretationskampf um den Nation-Begriff aushalten zu müssen und andererseits als moderne, komplexe Industriegesellschaft doch auch die Notwendigkeit und die besondere Bedeutung kollektiver Identifikation der Bürger zu spüren.

Will man aus diesen Gegebenheiten politisch-strategische Konsequenzen ziehen, so muß man davon ausgehen, daß jede deutschlandpolitische Strategie mehrere Adressaten hat. Es ist also immer eine Güterabwägung vorzunehmen, weil eine Strategie, die dem einen Adressaten optimal gerecht wird, Nachteile in bezug auf den zweiten und Gefahren in bezug auf den dritten Adressaten mit sich bringen kann.

Strategie

Eine Strategie muß vor allem folgende Adressaten berücksichtigen:

1. die Bürger in der Bundesrepublik Deutschland, für die sowohl die Klarheit der eigenen Position als auch die Vertiefung der Kenntnisse über die Bedingungen und Gegebenheiten der Deutschen Frage wichtig ist;
2. die Bürger in der DDR,
   die – wie der Bürger in der Bundesrepublik Deutschland – die Chance zur Pflege des Zusammengehörigkeitsgefühls erhalten müssen und die auch der Zeichen der Solidarität bedürfen;
3. die Regierung der DDR,
   deren Taktieren um die nationale Frage ein Symptom für ihre Einschätzung der politischen Brisanz dieses Problems ist;
4. die internationale Umwelt,
   die den ungebrochenen Willen der Deutschen zur Einheit in Freiheit erfahren, gleichzeitig aber auch Verständigungsbereitschaft, Verhandlungsfähigkeit erkennen muß.

Diese vier Adressaten müssen bei der Strategie berücksichtigt werden, die im folgenden unter Bezugnahme auf die Ergebnisse von Kommunikations- und Interaktionstheorie entwickelt wird.

6.1 Kommunikationstheoretische Aspekte

Sprache ist das wichtigste Zeichensystem der menschlichen Gesellschaft. Hannah Arendt beschreibt zutreffend: »Wo immer es um die Relevanz der Sprache geht, kommt Politik notwendigerweise ins Spiel; denn Menschen sind nur darum zur Politik begabte Wesen, weil sie mit Sprache begabte Wesen sind. ... Denn was immer Menschen tun, erkennen, erfahren oder wissen, wird sinnvoll nur in dem Maß, in dem darüber gesprochen werden kann. ... Sofern wir im Plural existieren, und das heißt, sofern wir in dieser Welt leben, uns bewegen und handeln, hat nur das Sinn, worüber wir miteinander oder wohl mit uns selbst sprechen können, was im Sprechen einen Sinn ergibt.«[2] Sprache erfüllt in der menschlichen Gesellschaft zwei bedeutsame Aufgaben: Kontaktherstellung und Informationsvermittlung. Daneben aber schafft sie auch Probleme: aus ihrer Unschärfe, aus der Möglichkeit unterschiedlicher Interpretation. Die deutschlandpolitische Kommunikation reflektiert die einzelnen Probleme dieser Grundlagen der sprachlichen Verfaßtheit menschlicher Gesellschaft:

Kommunikation

1. Eine Variante unserer Nation-Definition verwies auf die Kommunikationsbereitschaft der Menschen in Verbindung mit dem ausgeprägt vorhandenen Interesse, ein stabiles Kommunikationssystem zu schaffen.
   Diese Kommunikationsbereitschaft zu pflegen und zu fördern, wird damit zu einer der vornehmsten Aufgaben der Deutschlandpolitik. In diesem Rahmen erhalten auch die konkreten Aufforderungen zum Besuch der DDR, zur Verbesserung der Kenntnisse der Deutschen Frage, zur intensiveren Behandlung der Deutschlandpolitik im Schulunterricht ihren fundamentalen Rang. Auch das Ziel, die Reisemöglichkeiten von Ost nach West für die Bevölkerung unterhalb des Rentenalters auszuweiten, besitzt dabei eine hohe Priorität.
   Bei dieser Pflege innerdeutscher Kommunikation muß allerdings die politische Dimension sorgfältig im Blick bleiben. Die Deutsche Frage ist mehr als die Privatsache einzelner Bürger. Sie darf daher nicht ›privatisiert‹ werden.
2. Sprache vermittelt Normen. Die Wertgebundenheit und Wertbezogenheit der Deutschlandpolitik muß wieder nachdrücklicher artikuliert werden. Normen, die nicht mehr Gegenstand der Kommunikation sind, verlieren zunächst an Ausstrahlung, dann an Bindewirkung und Verläßlichkeit, bevor sie schließlich ganz untergehen.
   Es ist also konkret deutlich zu machen, daß es im Kern der Deutschlandfrage um die politische Freiheit unseres Volkes geht. Die Ent-

scheidung für oder gegen die Freiheit ist der eigentliche Grund für die Spaltung Deutschlands.

Die Überzeugungskraft dieser normativen Bindung an die Freiheit behält allerdings nur in dem Maße ihre Stärke, in dem das politische System der Bundesrepublik Deutschland seine eigene freiheitliche Substanz bewahrt und weiter entfaltet. Die freiheitliche und soziale Fortentwicklung der Bundesrepublik erhält damit eine eminent wichtige deutschlandpolitische Dimension. *Freiheit*

Indem sich der innerdeutsche Wettbewerb immer mehr von der Außenpolitik in den Bereich der Gesellschafts- und Sozialpolitik verlagert, wird die Deutsche Frage noch viel stärker als bisher auch eine soziale Frage. Für beide deutschen Staaten gilt die Feststellung, »daß die Innen- und Gesellschaftspolitik das Feld bleiben wird, auf dem das Nationalbewußtsein seine Gestalt, seine Substanz gewinnen wird«.[3]

Das Prinzip der Freiheit, und zwar sowohl der Geistes- und Gewissensfreiheit des Einzelmenschen als auch der sozialen Freiheit der gesellschaftlichen Gruppen und der politischen Freiheit des Gemeinwesens, ist die fundamentalste Bastion der Deutschlandpolitik – nur die Bürger müssen dies auch im Alltag erfahren und erleben können. Dazu aber müssen die leitenden Prinzipien immer wieder demonstriert werden, und es muß klar erkennbar sein, daß es der Bundesrepublik Deutschland damit ernst ist.

3. Politik ist auch Sprachkampf.[4] Die Zuweisung von Macht und Einfluß erfolgt nicht zuletzt über das Vermögen, in einer Gesellschaft Begriffe definieren, Wörter und Sätze uminterpretieren zu können. In der Deutschlandpolitik läßt sich dieser Kampf um die Sprache praktisch Tag für Tag beobachten. Die SED versucht die Begriffe ›Nation‹, ›Frieden‹, ›Demokratie‹ in ihrem Sinne zu besetzen und zu fixieren. *Macht*

   In dem Maße, in dem die Bundesrepublik auf eine offensive Strategie im Bereich der Kommunikation verzichtet, findet eine schleichende Positionsverbesserung der DDR statt. So hat auch die Durchsetzung einer spezifischen Variante des Nationverständnisses konkrete politische Konsequenzen. Es sind also erhebliche Anstrengungen verlangt, damit die deutschlandpolitische Kommunikationsbasis auch in Zukunft für die Bundesrepublik Deutschland als offen bezeichnet werden kann.

4. Wir haben festgestellt, daß die nationale Frage in Deutschland von einem Grunddissens gekennzeichnet ist. Dieser Grunddissens darf nicht einfach sich selbst überlassen bleiben, zumal die DDR offensiv

Position der Bundesrepublik

Position bezieht. Auch die Bundesrepublik Deutschland muß ihre Position im Prinzipiellen eindeutig beschreiben. Sie muß dabei drei Ziele gleichzeitig verfolgen:

- zumindest keine Positionsverschlechterung hinnehmen zu müssen,
- den innerdeutschen Kommunikationsprozeß nicht abreißen zu lassen,
- eine Politik des Abwartens – was die Gesamtlösung der deutschen Frage anbetrifft – weiter möglich zu machen.

Öffentlichkeit

5. Gerade das Beispiel KSZE hat gezeigt, welches zusätzliche Gewicht die Politik des Westens erhalten kann, wenn sie den Faktor ›Öffentlichkeit‹ konstruktiv mit einbringt. Auf die Deutschlandpolitik übertragen heißt dies, im Zweifel für den öffentlichen Weg, für den Weg, der nicht das Taktieren der Geheimdiplomatie, sondern eine aufmerksame Öffentlichkeit als wirkungsvollste Hilfe ansieht.
   Publizität ist der Resonanzboden, den die westlichen Länder der Opposition in der DDR und in Osteuropa geben können. Publizität ist das wesentliche Druckmittel, das der Westen anwenden kann. Publizität ist auch das beste Instrument, die eigene Bevölkerung vor der Vernebelung mit kommunistisch-dialektischen Visionen zu bewahren.
6. Verständigung gründet auf der Verläßlichkeit und Eindeutigkeit des gegebenen Wortes. Und gerade darum muß Eindeutigkeit in den Vereinbarungen und Verträgen mit der DDR das Ziel sein, weil jedes willkürlich interpretationsfähige Element spanungsfördernde Wirkung hat. Wer Grundsätzliches regeln will, muß Klarheit im Grundsätzlichen vermitteln.

6.2 Interaktionstheoretische Aspekte

Die Welt, in die wir hineingeboren werden, ist von Anfang an eine intersubjektive Welt.[5] Martin Buber hat dies in Worte gefaßt: »Im Anfang ist die Beziehung. ... Beziehung ist Gegenseitigkeit. Mein Du wirkt an mir, wie ich an ihm wirke. ... Person erscheint, indem sie zu anderen Personen in Beziehung tritt.«[6] Die Interaktionstheorie geht in dieser Perspektive davon aus, daß sich Leben in den Wechselbeziehungen mit den anderen vollzieht, wobei sich der einzelne als Mitursprung dieses Gewebes von Beziehungen verstehen kann. Die Interaktionstheorie hebt ganz ab auf die spezifisch menschliche Eigenschaft der Austauschbarkeit der Perspektiven, der Vorwegnahme der Position des anderen, des Sich-selbst-Gegenüberstehens, des Sich-Vergewisserns der Position des Partners. Diese Erkenntnisse werden in der Interaktionstheorie an der einzelnen Person entwickelt; sie sind dann aber übertragbar auf komplexe Akteure (Gruppen, Verbände, Staaten und internationale Organisationen).

Interaktionstheorie

In der Deutschlandpolitik finden wir den klassischen Fall der modernen Interaktionstheorie vor: zwei Akteure mit unterschiedlichen, ja gegensätzlichen Wertvorstellungen wollen in einem Gemisch von Kooperation und Konflikt ihre Beziehungen gestalten. Insofern liegt es nahe, gesicherte Erkenntnisse aus der Interaktionstheorie auf die Deutsche Frage anzuwenden:

1. Die Akteure in der Deutschlandpolitik müssen wechselseitig kalkulierbar sein. Der eine muß die Toleranzgrenze und die Handlungsmöglichkeit des anderen erkennen können. Die Provokation des einen muß eine angemessene Reaktion erfahren, andernfalls werden weitere Provokationen geradezu nahegelegt, um die Handlungsmarge ausloten zu können.

   Die DDR antizipiert in einem solchen Fall in ihrem Handeln die Unfähigkeit der Bundesrepublik Deutschland zu einer angemessenen Reaktion. Insofern ist es für die Weiterentwicklung der innerdeutschen Beziehungen von entscheidender Bedeutung, daß die Bundesrepublik Deutschland auf entsprechende Vorstöße der DDR angemessen antwortet und damit der DDR sowohl Grenzen ihrer Handlungsmöglichkeiten aufzeigt als auch hilft, ihrerseits die Handlungsweise der Bundesrepublik kalkulieren zu können. Ratlose Hilflosigkeit der Bundesrepublik würde die DDR nur zu weiteren Vorstößen provozieren.

   Reaktionen der Bundesrepublik Deutschland

   Der Bundesrepublik stehen eine Fülle von angemessenen Reaktionsmöglichkeiten zur Verfügung, über die sie sich bewußt werden muß. Damit ist allerdings nicht gemeint, daß die Bundesrepublik sich in eine automatische Bindung begeben sollte, indem sie vorab einen festen Katalog von Reaktionen veröffentlicht.

   Vorsichtig dosierte Maßnahmen der Bundesrepublik müssen folgende Kriterien erfüllen:
   - Sie dürfen nicht automatisch zu einer Eskalation des Konflikts führen.
   - Sie dürfen die Bundesrepublik nicht selbst in einen schädlichen Zugzwang bringen.
   - Im Zweifel erscheint der indirekte Weg sinnvoller als der direkte Weg.

   Im Blick auf diese Absicht, angemessen und situationsgerecht zu handeln, erscheint der häufig gebrauchte Terminus einer ›Sanktion‹ als viel zu grobschlächtig.

Manch ein Instrument, z. B. wirtschaftlicher Art, würde sich auch als stumpfe Waffe erweisen. Als eine zentrale Handlungsebene bietet sich die internationale Politik an; etwa in der deutlich auf die DDR akzentuierten Behandlung der Menschenrechtsfrage in internationalen Gremien oder in der Diskussion über Entwicklungen der DDR in der internationalen Öffentlichkeit, etwa über die in Aussicht gestellten menschlichen Erleichterungen. Auch das klassische Instrumentarium der Diplomatie steht in allen Varianten zur Verfügung. In alledem erweist sich das Prestigedenken der DDR als sehr empfindlich.

Als eine weitere Handlungsebene bieten sich die innerdeutschen Verhandlungen an, die mit dem Ziel der vollen Ausschöpfung der im Grundlagenvertrag formulierten Absichtserklärungen intensiviert werden sollten. Aus intensiver Interaktion ergeben sich neue Möglichkeiten der Einflußnahme. In diesem Zusammenhang erscheint es beispielsweise sinnvoll, den sogenannten Swing mit kurzfristigen Laufzeiten zu vereinbaren, um damit die Notwendigkeit zu schaffen, sich gewissermaßen permanent an den Verhandlungstisch zu setzen. Bei der Ausgestaltung von Zahlungsbedingungen und Bürgschaften sowie bei Vereinbarungen über technologische Zusammenarbeit ist zu prüfen, inwieweit sie auch konkrete Verbesserungen für die Menschen in der DDR bringen. Beispielsweise verliert der Ausbau der Transitwege dann weitgehend seinen Sinn, wenn die dadurch erreichten Zeitvorteile für die Benutzer durch Verlängerung der Wartezeiten an den Kontrollstellen von der DDR rückgängig gemacht werden.

Stabilität der DDR

2. Besonders strittig ist die Frage, inwieweit die Bundesrepublik das politische System der DDR stabilisiert bzw. stabilisieren sollte. Vor dem Hintergrund der Interaktionstheorie ist festzuhalten, daß es für die Interessenlage der Bundesrepublik keinen absoluten Markierungspunkt gibt, der ein konkretes Maß an gewünschter Stabilität oder Instabilität der DDR bezeichnet. Vielmehr lassen sich die beiden extremen Pole einer denkbaren Stabilität oder Instabilität angeben:

– Die Bundesrepublik Deutschland kann kein Interesse an einem solchen Maß an Stabilität der DDR haben, das die DDR jegliches Interesse an Verhandlungen, Entgegenkommen, Zugeständnissen verlieren lassen würde. Die Bundesrepublik kann auch aus Gründen ihrer eigenen Legitimation nicht ein System der Unfreiheit perfektionieren wollen. Eine so extrem stabile DDR würde auch keinerlei Veranlassung sehen, weitere menschliche Erleichterung in Erwägung zu ziehen.

- Die Bundesrepublik Deutschland kann aber auch kein Interesse an einem solchen Maß an Instabilität der DDR haben, das die DDR zu einer weitergehenden Abkapselung oder aber gar die Sowjetunion zu einem direkten Eingriff veranlassen könnte.

In dieser Marge relativer Stabilität bzw. relativer Instabilität der DDR bewegen sich die objektiven Interessen der Bundesrepublik. Sie hat ein Interesse daran, daß die DDR nicht in die Lage versetzt wird, nicht mehr verhandlungsbereit sein zu müssen. Insofern wäre es falsch, wenn die Bundesrepublik aus der oppositionellen Kritik in der DDR den Schluß zöge, sie müsse nun die in Bedrängnis geratene SED-Führung stützen. Wer Erleichterungen für die Menschen im geteilten Deutschland zum Ziel hat, »der darf nicht aus falscher Rücksichtnahme oder Zaghaftigkeit die Augen vor Tatsachen verschließen.«[7]

3. Die »Politik des Wandels durch Annäherung« beruhte auf der Annahme, die Abgrenzungspolitik der DDR sei lediglich bzw. vornehmlich eine Reaktion bzw. Konsequenz der Politik der Bundesrepublik. Sie übersieht, daß die SED in dieser Hinsicht vornehmlich eine auf interne Herrschaftsstabilisierung ausgerichtete Politik betreibt. Insofern ist die Position der Abgrenzung der DDR kaum von außen zu beeinflussen. Die Abgrenzung der DDR folgt ihrer eigenen Ratio. Sie soll eine Ersatzlegitimation für Partei und Staat schaffen. Dazu bedarf die DDR der Feindbilder, unter denen der Klassengegner in der Bundesrepublik eine prominente Rolle spielt. Die DDR wird in Zukunft aus Gründen ihrer eigenen Ersatzlegitimation heraus noch offensiver einen Klassenkampf innerhalb der Bundesrepublik Deutschland betonen und eine solche Interpretation auch in das Gebiet der Bundesrepublik hineinzutragen versuchen. *Annäherung*

4. Ein stabiles Interaktionssystem beruht auf dem Gleichgewicht der ausgetauschten Leistungen. Ein Partner, der einseitig seine Interessen durchzusetzen in der Lage ist, wird nur noch in geringerem Maße einsehen, daß eine Zusammenarbeit und eine damit verbundene Rücksichtnahme sinnvoll ist. Wenn das Prinzip der Ausgewogenheit der Leistungen gelten muß, dann nicht nur im Rückblick als Maßstab zur Beurteilung der Ostverträge, sondern auch vor allem im Blick auf zukünftige Verhandlungen und Vereinbarungen: bei den KSZE-Folgekonferenzen und bei MBFR, bei den innerdeutschen Verhandlungsmaterien und der Berlin-Frage. *Interaktion*

internationale Konferenzen

In der Deutschlandpolitik gewinnt die Ebene der internationalen Konferenzen zunehmend an Gewicht. KSZE, MBFR, UNO, ECE: überall dort besitzen die Verhandlungen auch deutschlandpolitische Implikationen, die sich nur allzu oft der öffentlichen Aufmerksamkeit entziehen. Wer die Ausgewogenheit der Leistungen anstrebt, muß diese multilaterale Ebene konzentriert nutzen und darf nicht die Deutsche Frage international ›abkoppeln‹ lassen, weil er sich damit vieler Aktionsmöglichkeiten begibt.[8] Vor diesem Hintergrund wird es auch verständlich, welche zunehmende Bedeutung der Pflege deutschlandpolitischer Einigkeit im westlichen Lager zukommt; zumal Integration wohl auch die zentrale Vorbedingung ist, unter der die westlichen Nachbarn eine Lösung der Deutschen Frage akzeptieren können.

Die Deutsche Frage sollte und soll also nicht international isoliert werden, d. h. sie darf nicht gewissermaßen zur ›Privatangelegenheit‹ der Deutschen unter sich verkümmern. Würde eine solche Provinzialisierung der Deutschen Frage stattfinden, dann wäre die Deutsche Frage unter freiheitlichen Vorzeichen prinzipiell unlösbar geworden. Statt dessen geht es seit 1949 darum, die Lösung der Deutschen Frage nach Möglichkeit zum Eigeninteresse unserer internationalen Umwelt zu machen, zumindest für unsere Position die Unterstützung der internationalen Umwelt zu finden, wenigstens aber die Westmächte auf das Ziel der deutschen Einheit verpflichten. Diese Abstimmung der deutschen Position mit den Auffassungen der Westmächte war zu keinem Punkt unserer jüngeren Geschichte völlig konfliktfrei. Insofern entbehrt auch das häufig gebrachte Argument, mögliche Meinungsverschiedenheiten zwischen der Bundesrepublik Deutschland und den Westmächten würden zu einer Isolierung in der Deutschlandpolitik führen. Im Blick auf diese Abstimmung zwischen Bonn und den Westmächten liegt die Hauptgefahr heutzutage wahrscheinlich auch gar nicht in möglichen Meinungsverschiedenheiten, sondern viel mehr in dem dramatischen Schwund der Kenntnisse über die Bedingungen, Möglichkeiten und Notwendigkeiten der Deutschlandpolitik im westlichen Ausland, insbesondere bei den dort verantwortlichen Politikern.

Abstimmung mit den Westmächten

5. Interaktion verlangt die gedankliche Vorwegnahme der Handlungen des Gegenüber. Die DDR wird bei ihren künftigen Versuchen, ihre Position zu verbessern, vor allem in zwei Bereichen weiter ansetzen:

- bei der Frage der deutschen Staatsbürgerschaft,
- beim Status Berlins.

Deutsche Staatsbürgerschaft

Im Urteil des Bundesverfassungsgerichts vom 31. 7. 1973 heißt es zur deutschen Staatsangehörigkeit: »Art. 16 GG geht davon aus, daß die ›deutsche Staatsangehörigkeit‹, die auch in Art. 116 GG in Bezug genommen ist, zugleich die Staatsangehörigkeit der Bundesrepublik Deutschland ist. Deutscher Staatsangehöriger im Sinne des Grundgesetzes ist also nicht nur der Bürger der Bundesrepublik Deutschland. ... Für die Bundesrepublik Deutschland verliert ein Deutscher diese deutsche Staatsangehörigkeit nicht dadurch, daß sie ein anderer Staat aberkennt.« Die DDR ihrerseits hat mit dem Staatsbürgerschaftsgesetz vom 20. 2. 1967[9] eine separate Staatsbürgerschaft für ihre Bewohner geschaffen. Um diesen Anspruch auch im Ausland durchzusetzen, ist die DDR bestrebt, mit Drittstaaten Konsularverträge abzuschließen, die auf zwei deutschen Staatsangehörigkeiten basieren. An diesem Punkt wird die DDR auch weiter ansetzen. Die Bundesrepublik muß daher sehr sorgfältig darauf achten, daß sie ihrer Schutzpflicht gegenüber den Deutschen aus der DDR auch im Ausland gerecht wird und weiterhin gerecht werden kann.[10]

Berlin-Status

In bezug auf den Berlin-Status hat die DDR in den vergangenen Jahren mehrere Ansatzpunkte gewählt, an denen sie ihre Vorstöße festgemacht hat, und es ist davon auszugehen, daß sie diese Linie in Zukunft fortsetzen wird[11]:

1. der Versuch, das Berlin-Abkommen zu einem West-Berlin-Abkommen umzuinterpretieren,
2. die Forderung nach Abbau der Bundespräsenz,
3. die Attacken gegen das Recht auf Zugang nach West-Berlin,
4. der Widerstand gegen bestimmte Formen der vertraglich festgelegten Aufrechterhaltung und Entwicklung der West-Berliner Bindungen an die Bundesrepublik Deutschland.

Die Grundlage dieser schwerwiegenden Vorstöße bildet der Wille der UdSSR und der DDR, unter Verweis auf ihre Auffassung von dem Vier-Mächte-Status West-Berlins eine einseitige Mitbestimmung über den westlichen Teil Berlins zu erwirken. Der Dissens im Grundsätzlichen über den rechtlichen Status Berlins wird so auch in Zukunft in allen möglichen Einzelfragen des Alltags praktisch relevant sein. Es wird der konzentrierten Aufmerksamkeit aller politischen Kräfte in der Bundesrepublik bedürfen, um hier nicht aus vordergründiger Konfliktscheu wichtige Positionseinbußen bzw. Statusveränderungen hinzunehmen.

Lösungen der Deutschen Frage

Zweifellos ist mit kurzfristigen Lösungen in der Deutschen Frage nicht zu rechnen. Deutschlandpolitik verlangt vielmehr eine langfristige Perspektive, nicht bloß kurzfristig taktisches Kalkül; sie verlangt jenen langen Atem, der historische Epochen prägt. Die Erfahrung hat bewiesen, daß Demokratien diesen langen Atem nur dann aufbringen, wenn Existenzfragen nicht in die kleine Münze der parteipolitischen Taktik übersetzt werden. Innerpolitische Erfolgszwänge dürfen nicht zu deutschlandpolitischen Maßstäben aufgeplustert werden. Als Resonanzboden für den innenpolitischen Zwist ist die Deutschlandpolitik zu schade.

Um dies zu verhindern, bedarf es einer klaren deutschlandpolitischen Strategie, die beispielsweise neue Entwicklungen nicht bloß als unliebsame Zwischenfälle abtut, die nur das Verhandlungsklima stören könnten; es bedarf aber auch der Bereitschaft zu einer aktiven Politik, die sich nicht nur beim Bilanzieren, Abwarten und Beobachten aufhält, sondern alle Materien mit allen inzwischen verfügbaren Instrumenten offensiv angeht, die das vertraglich Erreichte zu sichern und auch mit kleinen und kleinsten Schritten Verbesserungen in der Deutschen Frage zu erzielen sucht. Die Deutsche Frage bedarf der wirklichkeitsgerechten Antworten kurz-, mittel- und langfristiger Art.

7. Anmerkungen

Anmerkungen zu Kapitel 1:

1 Die Zeit v. 30. 1. 1981.
2 ADN v. 16. 2. 1981.
3 Vgl. u. a. Greiffenhagen, Martin u. Sylvia, Ein schwieriges Vaterland, Zur politischen Kultur Deutschlands, München 1979; Sontheimer, Kurt, Die verunsicherte Republik, München 1979; Rausch, Heinz, Politische Kultur in der Bundesrepublik Deutschland, Berlin 1980.
4 Rudolph, Hermann, Wovor wir nicht fortlaufen können, Die Nation: kein unversiegbares Kapital, aber mehr als Gefühl und Wellenschlag, in: Die Zeit v. 6. 3. 1981.
5 Vgl. beispielhaft: Füllenbach, Josef u. Eberhard Schulz (Hrsg.), Entspannung am Ende?, München/Wien 1980; siehe auch Vogel, Heinrich (Hrsg.), Die sowjetische Intervention in Afghanistan, Baden-Baden 1980; Meissner, Boris, Sowjetische Außenpolitik und Afghanistan, in: Außenpolitik, 31. Jg. 1980, S. 260–282; ders., Die Stellung der Sowjetunion zur Intervention und der Fall Afghanistan, in: Beiträge zur Konfliktforschung, 10. Jg. 1980, H. 2, S. 31–64; Sloan, Stanley, Krise der Entspannung – Krise des Atlantischen Bündnisses?, in: Europa-Archiv, 35. Jg. 1980, S. 407–414; Artner, Stephen J., Entspannungspolitik vor und nach Afghanistan, in: Außenpolitik, 31. Jg. 1980, S. 134–146; Wagner, Wolfgang, Das Ost-West-Verhältnis nach der sowjetischen Intervention in Afghanistan, in: Europa-Archiv, 35. Jg. 1980, S. 135–146; zu den aktuellen deutschlandpolitischen Veränderungen in diesem Zusammenhang vgl. auch Winters, Peter Jochen, Kurswechsel Ost-Berlins gegenüber Bonn, Zum Stand der innerdeutschen Beziehungen, in: Europa-Archiv, 36. Jg. 1981, S. 31–38.
6 Vgl. ausführlicher dazu Weidenfeld, Werner, Europa vor den neuen Krisen der Weltpolitik, in: Außenpolitik, 31. Jg. 1980, S. 386–393.
7 Diese Position wird zutreffend beschrieben von Hans-Peter Schwarz in: Deutschlandpolitik, Öffentliche Anhörung des Ausschusses für innerdeutsche Beziehungen des Deutschen Bundestages, Bonn 1977, S. 22–38, hier S. 27 ff.

Anmerkungen zu Kapitel 2:

1 Text des Vertrags in: Der Streit um den Grundvertrag, hrsg. v. E. Cieslar u. a., München/Wien 1973, S. 328 ff., hier S. 329; vgl. dazu auch Münch, Ingo v. u. a. (Hrsg.), Finis Germaniae? Zur Lage Deutschlands nach den Ostverträgen und Helsinki, Frankfurt 1977, bes. S. 44 ff.
2 BVerfGE, Bd. 36, S. 35; vgl. auch Scheuner, Ulrich, Die staatsrechtliche Stellung der Bundesrepublik, Zum Karlsruher Urteil über den Grundvertrag, in: Die öffentliche Verwaltung, 1973, S. 581–584; Rumpf, Helmut, Deutschlands Rechtslage seit 1973, in: Zeitschrift für Politik, 22. Jg. 1975, S. 111–139; Bodensieck, Heinrich, Deutschlandpolitischer Grundkonflikt der Bundesrepublik Deutschland, in: Politik und Kultur, H. 1/1978, S. 48–58; Zieger, Gottfried (Hrsg.), Fünf Jahre Grundvertragsurteil des Bundesverfassungsgerichts, Köln 1979.
3 Siehe als Textausgabe: Die neue Verfassung der DDR, Köln 1974; vgl. zur

kritischen Würdigung Schmid, Karin, Die Änderung der Verfassung der Deutschen Demokratischen Republik, Berichte des Bundesinstitutes für ostwissenschaftliche und internationale Studien, Febr. 1975.

4 Wortlaut in: Deutschland-Archiv, 8. Jg. 1975, S. 1204–1206; zur kritischen Würdigung des Vertrages vgl. u. a. Oldenburg, Fred u. Meier, Christian, Der Vertrag über Freundschaft, Zusammenarbeit und gegenseitigen Beistand zwischen der Sowjetunion und der DDR vom 7. Oktober 1975, Berichte des Bundesinstitutes für ostwissenschaftliche und internationale Studien, 59/1975; Mahnke, Hans H., Der neue Freundschafts- und Beistandspakt zwischen Sowjetunion und DDR, in: Deutschland-Archiv, 8. Jg. 1975, S. 1160–1175; Hakker, Jens, In der »deutschen Frage« will Moskau weiter mitreden, Worin sich der neue Pakt zwischen der Sowjetunion und der DDR von früheren Bündnisverträgen unterscheidet, in: Frankfurter Allgemeine Zeitung v. 17. 10. 1975; vgl. auch Meissner, Boris, Die Bündnisverträge zwischen der DDR und der Sowjetunion, in: Aus Politik und Zeitgeschichte, B 43/79, S. 11–25; Jacobsen, Hans-Adolf u. a. (Hrsg.), Drei Jahrzehnte Außenpolitik der DDR, München/Wien 1979.

5 Zu den Grundlagen s. Schwarz, Hans-Peter, Das außenpolitische Konzept Konrad Adenauers, in: Morsey, Rudolf und Repgen, Konrad (Hrsg.), Adenauer-Studien I, Mainz 1971, S. 71–108; ders., Das Spiel ist aus und alle Fragen offen, oder: Vermutungen zu Adenauers Wiedervereinigungspolitik, in: Kohl, Helmut (Hrsg.), Konrad Adenauer 1876/1976, Stuttgart 1976, S. 140–156; Gotto, Klaus, Adenauers Deutschland- und Ostpolitik 1954–1963, in: Morsey, Rudolf und Repgen, Konrad (Hrsg.), Adenauer-Studien III, Mainz 1974, S. 3–91; Buchheim, Hans, Die Deutschland- und Außenpolitik Konrad Adenauers, in: Politische Bildung, 4. Jg., 1971, H. 2, S. 31–42; Weidenfeld, Werner, Konrad Adenauer und Europa, Die geistigen Grundlagen der westeuropäischen Integrationspolitik des ersten Bonner Bundeskanzlers, Bonn 1976; ders., Der Einfluß der Ostpolitik de Gaulles auf die Ostpolitik Adenauers, in: Morsey, Rudolf und Repgen, Konrad (Hrsg.), Adenauer-Studien III, Mainz 1974, S. 116–125.

6 Interview Adenauers im NWDR am 11. 6. 1953; fast wörtlich übernommen in: Adenauer, Konrad, Erinnerungen, 1953–1955, Bd. 2, Stuttgart 1966, S. 216, vgl. in diesem Zusammenhang auch ebda., S. 175, S. 444 ff., S. 449.

7 Zu Adenauers Haltung vgl. Adenauer, Erinnerungen, a. a. O., Bd. 2, S. 437 ff.

8 Text in: Siegler, Heinrich v. (Hrsg.), Wiedervereinigung und Sicherheit Deutschlands, Bd. 1, 6. Aufl., Bonn 1967, S. 117 ff.; hierzu Adenauer, Erinnerungen, a. a. O., Bd. 3, S. 454 ff.
a. a. O., Bd. 3, S. 454 ff.

9 Vgl. Adenauer, Erinnerungen, a. a. O., Bd. 4, S. 51.

10 Krone, Heinrich, Aufzeichnungen zur Deutschland- und Ostpolitik 1954–1969, in: Adenauer-Studien III, a. a. O., S. 134–201, hier S. 164.

11 Vgl. dazu bes. Buchheim, a. a. O.

12 Zitiert bei Buchheim, a. a. O.

13 Krone, a. a. O., S. 141.

14 Vgl. dazu insbesondere Krone, a. a. O.; Gotto, a. a. O.; Buchheim, a. a. O.

15 Vgl. die Darstellung dieser Unterredung bei Adenauer, Erinnerungen, a. a. O., Bd. 3, S. 376 ff.; siehe dazu auch Die Auswärtige Politik der Bundesrepublik Deutschland, hrsg. v. Auswärtigen Amt, Köln 1972, S. 50, S. 380 ff.

16 Adenauer, Erinnerungen, a. a. O., Bd. 3, S. 379.

17 Text gedruckt in: Adenauer-Studien III, a. a. O., S. 202 ff.

18 Vgl. als Gesamtüberblick: Zehn Jahre Deutschlandpolitik, Die Entwicklung der

Beziehungen zwischen der Bundesrepublik Deutschland und der Deutschen Demokratischen Republik 1969–1979, hrsg. v. Bundesministerium für innerdeutsche Beziehungen, Bonn 1980.

19 Vgl. u. a. Hacker, Jens, Deutsche unter sich, Politik mit dem Grundvertrag; Scheuner, Ulrich, Die deutsche einheitliche Staatsangehörigkeit: ein fortdauerndes Problem der deutschen Teilung, in: Europa-Archiv, 34. Jg. 1979, S. 345–356.

20 Vgl. die Auflistung der Einzelverstöße in: Frankfurter Allgemeine Zeitung v. 8. 10. 1977; zur Ausweisung von Journalisten siehe auch Böhme, Erich (Hrsg.), Deutschdeutsche Pressefreiheit, Vom Grundlagenvertrag bis zur Schließung des Spiegel-Büros, Hamburg 1978; Wettig, Gerhard, Das Funktionieren der Besuchsregelung für West-Berliner vom 20. Dezember 1971, in: Deutschland-Archiv, 13. Jg. 1980, S. 509–517.

21 Zur rechtlichen Modelldiskussion vgl. u. a. Kewenig, Wilhelm, Deutschlands Rechtslage heute, in: Europa-Archiv, 29. Jg. 1974, S. 71–82; ders., Auf der Suche nach einer neuen ›Deutschland-Theorie‹, in: Die öffentliche Verwaltung, 1973, S. 797–801; Krülle, Siegrid, Die völkerrechtlichen Aspekte des Oder-Neiße-Problems, Berlin 1970; Scheuer, Gerhart, Die Rechtslage des geteilten Deutschlands, Frankfurt, 1960; Mattfeld, Antje, Modelle einer Normalisierung zwischen beiden deutschen Staaten, Düsseldorf 1973; Schmid, Karin, Die deutsche Frage im Staats- und Völkerrecht, Baden-Baden 1980.

22 Die hier angeführten Überlegungen sind natürlich nicht mit der Intention einer vollständigen Wiedergabe ausgewählt worden, sondern mit der Absicht, aus einigen besonders prägnanten Beiträgen und dem daraus abzuleitenden Konsens einige Schlußfolgerungen zu ziehen.

23 Schwarz, Hans-Peter, Die nationale Frage – morgen, 6 Thesen zur Positionsbestimmung nach 25 Jahren, in: Die politische Meinung, 19. Jg. 1974, H. 154, S. 9–33; vgl. auch ders., Brauchen wir ein neues deutschlandpolitisches Konzept?, in: Europa-Archiv, 32. Jg. 1977, S. 327–338.

24 Ludz, Peter Christian, Deutschlands doppelte Zukunft, Bundesrepublik und DDR in der Welt von morgen, München 1974.

25 Ebda., S. 144–146.

26 Sommer, Theo, Geteilt aber nicht getrennt, in: Grossner, Claus u. a. (Hrsg.), Das 198. Jahrzehnt, Hamburg 1969, S. 237–260, hier S. 239 f.

27 Besson, Waldemar, Die Außenpolitik der Bundesrepublik, Erfahrungen und Maßstäbe, München 1970, S. 459 f.

28 Hassner, Pierre, Wie viele Deutschlands?, in: Die Zeit v. 31. 1. 1969, S. 28.

29 Behr, Wolfgang, Bundesrepublik Deutschland – Deutsche Demokratische Republik, Grundkonflikte und Konvergenzerscheinungen, in: Aus Politik und Zeitgeschichte, B 36–37/74.

30 Ebda., S. 47.

31 Löwenthal, Richard, Europa und die deutsche Teilung, in: Hofer, Walter (Hrsg.), Europa und die Einheit Deutschlands, Eine Bilanz nach 100 Jahren, Köln 1970, S. 305–329, hier S. 327 ff.

32 So auch Dahrendorf, Ralf, in: Deutschlandpolitik, Anhörung, a. a. O., S. 13–22 und S. 33–38; s. auch ders. in: Frankfurter Allgemeine Zeitung v. 22. 9. 1977.

Anmerkungen zu Kapitel 3:

1 Vgl. u. a. Veiter, Theodor, Deutschland, deutsche Nation und deutsches Volk, Volkstheorie und Rechtsbegriffe, in: Aus Politik und Zeitgeschichte, B 11/1973; Geiss, Immanuel, Reich und Nation, in: Aus Politik und Zeitgeschichte, B 15/1973; als wohl gelungensten Überblick s. Mommsen, Hans, Nationalismus, Nationalitätenfrage, in: Sowjetsystem und demokratische Gesellschaft, hrsg. v. C. D. Kernig, Bd. 4, Freiburg 1971, Sp. 623–669.

2 Weber, Max, Politische Schriften, 2. Aufl., Tübingen 1958, S. 14.

3 Mommsen, W., Max Weber und die deutsche Politik, Tübingen 1959, S. 58.

4 Bühl, W. L., Evolution und Revolution, München 1970, S. 39.

5 Shafer, B. C., Nationalism in colonial Africa, London 1956.

6 Nationalism, A report by a study group of members of the Royal Institute of International Affairs, London 1939, Repr. London 1966.

7 Vgl. u. a. Schweigler, Gebhard, Nationalbewußtsein in der BRD und der DDR, 2. Aufl., Düsseldorf 1974.

8 Vgl. Erikson, Erik, Identität und Lebenszyklus, Frankfurt 1966.

9 Vgl. Hättich, Manfred, Nationalbewußtsein und Staatsbewußtsein in der pluralistischen Gesellschaft, 3. Aufl., Mainz 1966, S. 21 ff.

10 Siehe dazu Berger, Peter L. u. Thomas Luckmann, Die gesellschaftliche Konstruktion der Wirklichkeit, Eine Theorie der Wissenssoziologie, 5. Aufl., Frankfurt 1970.

11 Meinecke, Friedrich, Weltbürgertum und Nationalstaat, Neuauflage der 7. Aufl., Berlin 1962.

12 Vgl. die empirische Überprüfung und die Kritik bei Schweigler, a. a. O., S. 28 ff.

13 Ebda., S. 41.

14 Francis, Emerich K., Ethnos und Demos, Soziologische Beiträge zur Volkstheorie, Berlin 1965, S. 113.

15 Der Streit um den Grundvertrag, a. a. O., S. 296.

16 Vgl. die Kritik bei Schweigler, a. a. O.

17 Deutsch, Karl W., Nationalism and social communication, Cambridge 1953; vgl. vom gleichen Autor auch Nationenbildung – Nationalstaat – Integration, Düsseldorf 1972; als Versuch der konkreten Umsetzung s. Schneider, Beate, Konflikt, Krise und Kommunikation, Eine quantitative Analyse innerdeutscher Politik, München 1976.

18 Vgl. u. a. Schieder, Theodor, Nation und Nationalstaat in der deutschen Geschichte, in: Aus Politik und Zeitgeschichte, B 12/71, S. 3–15; ders., Der Nationalstaat in Europa als historisches Phänomen, Köln/Opladen 1964: Conze, Werner, Die deutsche Nation, Ergebnis der Geschichte, 2. Aufl., Göttingen 1963; Veiter, a. a. O., Pleßner, Helmuth, Die verspätete Nation, Stuttgart 1959; Jüttner, Alfred, Die deutsche Frage, Eine Bestandsaufnahme, Köln 1971; Niethammer, Lutz, Traditionen und Perspektiven der Nationalstaatlichkeit, in: Außenpolitische Perspektiven des westdeutschen Staates, Bd. 2, Wien 1972, S. 13–107.

19 Vgl. u. a. Sulzbach, Walter, Zur Definition und Psychologie von ›Nation‹ und Nationalbewußtsein, in: Politische Vierteljahresschrift, 3. Jg. 1962, S. 159–186; Leibholz, G., Nation, in: Evangelisches Staatslexikon, Stuttgart/Berlin 1966, Sp. 1331–1337.

Anmerkungen zu Kapitel 4.1:

1 Vgl. als Überblick Schweigler, Gebhard, Nationalbewußtsein in der BRD und der DDR, 2. Aufl., Düsseldorf 1974; zum Nationalbewußtsein in der DDR wichtige Hinweise bei Pfeiler, Wolfgang, Zum Nationalbewußtsein in der DDR, in: Politik und Kultur, 1/1977, S. 52–60; Schweigler, Gebhard, Zum Nationalbewußtsein in der DDR, in: Politik und Kultur, 1/1977, S. 61–68; zur allgemeinen Problematik siehe auch Scheuch, Erwin, Was ist deutsch heute, in: Politik und Kultur, 1/1977, S. 24–39.
2 So z. B. Schweigler, a. a. O.
3 JFD-Umfrage Nr. 3070; siehe dazu auch ergänzend Allensbacher Berichte Nr. 18/1978; die von Rudolf Wildenmann in Capital 10/78 veröffentlichte Umfrage trägt zwar den Titel ›Das neue Nationalbewußtsein‹, beschäftigt sich aber nur mit wenigen Facetten des Staatsbewußtseins in der Bundesrepublik Deutschland.
4 Die Welt v. 13. 3. 1978.
5 Die Welt v. 24. 3. 1981; Die Welt v. 26. 8. 1978.
6 Im krassen Widerspruch dazu s. Bredow, Wilfried v., Die Grundsatzverpflichtung, eine Nation zu sein, in: Liberal, 17. Jg. 1975, S. 420–434.
7 Allensbacher Jahrbuch der Demoskopie 1974–1976, Bd. VI, Wien/München/Zürich 1976, S. 82.
8 Ebda., S. 83.
9 Ebda., S. 81 u. S. 283.
10 Ebda., S. 55 f.
11 Politische Berichte 1977, Institut für Demoskopie, Allensbach.
12 Allensbacher Jahrbuch der Demoskopie, a. a. O., S. 84 f.
13 Emnid-Untersuchung über ausgewählte politische Fragen in 8 Ländern, 4 Bde., Bielefeld 1977.
14 Boßmann, Dieter (Hrsg.), Schüler über die Einheit.
15 Ebda., S. 26–31.
16 Frankfurter Allgemeine Zeitung v. 8. 6. 1978; siehe ergänzend auch Kühn, Detlef, Deutschland und die deutsche Nation im Unterricht, in: Aus Politik und Zeitgeschichte, B 49/77, S. 3–10.
17 Die deutsche Frage im Unterricht, Beschlüsse der Kultusministerkonferenz, Neuwied 1979, S. 7; zur kritischen Auseinandersetzung mit diesem Beschluß siehe: Materialien zur Politischen Bildung, H. 4/1980.

Anmerkung zu Kapitel 4.2:

1 Vgl. z. B. Gabbe, Jörg, Parteien und Nation, Zur Rolle des Nationalbewußtseins für die politischen Grundorientierungen der Parteien in der Anfangsphase der Bundesrepublik, Meisenheim am Glan 1976; Niclauß, Karlheinz, Kontroverse Deutschlandpolitik, Frankfurt/M. 1977; Benz, Wolfgang u. a., Einheit der Nation, Diskussionen und Konzeptionen zur Deutschlandpolitik der großen Parteien seit 1945, Stuttgart 1978; Hoebink, Hein, Westdeutsche Wiedervereinigungspolitik 1949–1961, Meisenheim 1978.

Anmerkungen zu Kapitel 4.2.1:

1 Eckert, Georg, Die Konsolidierung der sozialdemokratischen Arbeiterbewegung zwischen Reichsgründung und Sozialistengesetz, in: Sozialdemokratie zwischen Klassenbewegung und Volkspartei, hg. v. Hans Mommsen, Frankfurt 1974, S. 35–51, hier S. 40, weist weiter darauf hin, daß diese Diffamierung bis auf das Jahr 1870/71 zurückgeht.

2 »Wir sind«, so beschrieb Julius Motteler die grundsätzliche Haltung der Sozialdemokraten zum Reich, »Gegner des Reiches, sofern das Reich bestimmte Einrichtungen repräsentiert, unter denen wir leiden. Wir sind aber nicht Gegner des Reiches als eines solchen, als eines nationalen, als eines staatlichen Ganzen...« Stenographischer Bericht über die Verhandlungen des deutschen Reichstages 2. Leg.-Per., 1. Session 1874, Band 2, S. 961.

3 Mommsen, Hans, Nationalismus und Nationalitätenfrage, in: Sowjetsystem und demokratische Gesellschaft, Band 4, Freiburg, Basel, Wien 1971, Sp. 623 ff, hier Sp. 657.

4 Schieder, Wolfgang, Das Scheitern des bürgerlichen Radikalismus und die sozialistische Parteibildung in Deutschland, in: Mommsen, a. a. O., S. 16–34, hier S. 18. Grundlegend zu dieser Frage im übrigen: Conze, Werner u. Dieter Groh, Die Arbeiterbewegung in der nationalen Bewegung, Stuttgart 1966.

5 Zur Verbindung von Burschenschaften und Auslandsvereinen der deutschen Gesellen nach 1833 vgl. Schieder, Wolfgang, Anfänge der deutschen Arbeiterbewegung. Die Auslandsvereine im Jahrzehnt nach der Julirevolution von 1830, Stuttgart 1963, S. 16, 20, 35–39, 49, 68–70. Zur Beteiligung von Arbeitern an der Revolution von 1848: Balser, Frolinde, Sozialdemokratie 1848/49–1863. Die erste deutsche Arbeiterorganisation »Allgemeine deutsche Arbeiterverbrüderung« nach der Revolution, Stuttgart, 1962. Ebenso waren Lassalle, Joh. Ph. Becker und W. Liebknecht bereits 1848 als radikale Demokraten aktiv, vgl. Conze/Groh, a. a. O., S. 41 ff.

6 Bebel, August, Aus den Anfängen der Arbeiterbewegung, in: Die Gründung der deutschen Sozialdemokratie. Eine Festschrift der Leipziger Arbeiter zum 23. Mai 1903, Leipzig 1903, S. 7. Vgl. auch Hirsch, Helmut; August Bebel, Sein Leben in Dokumenten, Reden und Schriften, Köln, Berlin 1968, S. 58–74. Ähnlich auch W. Liebknecht: »Ein zweifaches Ideal hat mir von Jugend an vorgeschwebt: das freie und einige Deutschland und die... Abschaffung der Klassenherrschaft.« Zit. nach Conze/Groh, a. a. O., S. 49. Ausführlich zu diesem Kontext: Ebersold, Günter, Die Stellung W. Liebknechts und A. Bebels zur deutschen Frage 1863 bis 1870. Phil. Diss. Heidelberg 1963.

7 Vgl. Schieder, Das Scheitern des Bürgerl. Radikalismus, a. a. O., S. 33 f. Zur Bedeutung des Kommuneaufstandes für die SPD in Deutschland: Eckert, a. a. O., S. 42 ff.

8 Lehnert, Detlev, Reform und Revolution in den Strategiediskussionen der klassischen Sozialdemokratie, Bonn-Bad Godesberg 1977, sowie Steinberg, Heinz-Josef, Sozialismus und deutsche Sozialdemokratie. Zur Ideologie der Partei vor dem Ersten Weltkrieg, Bonn-Bad Godesberg 3. Aufl. 1972.

9 Georg v. Vollmar, zit. n. Heidegger, Hermann, Die deutsche Sozialdemokratie und der nationale Staat 1870–1920, Göttingen 1956, S. 55, vgl. auch Steinberg, a. a. O., S. 109 ff.

10 Conze, Werner, Die Deutsche Nation, Göttingen 1963, S. 89.

11 Miller, Susanne, Burgfrieden und Klassenkampf, Die deutsche Sozialdemokratie im Ersten Weltkrieg, Düsseldorf 1974, S. 68.

12 David, Eduard, zit. n. Miller, a. a. O., S. 179.
13 Matthias, Erich, Sozialdemokratie und Nation, Ein Beitrag zur Ideengeschichte der sozialdemokratischen Emigration in der Prager Zeit des Vorstandes 1933–1938, Stuttgart 1952, S. 64, zitiert Otto Braun, der sich beklagt, daß selbst der Vorwärts Passagen aus Reden, in denen er »durchaus ehrlich empfundene nationale Töne mitklingen ließ« abschwächte oder sogar ganz strich. Damit wurde also, so Matthias weiter, praktisch die Einstellung der extremen Rechtspresse akzeptiert, die einem Sozialdemokraten auf Grund seiner politischen Überzeugung das Recht, so zu reden, abstritt, weil sie sich wahres nationales Empfinden ohne nationalistischen Einschlag nicht vorstellen konnte.
14 Matthias, a. a. O., S. 64
15 Gabbe, a. a. O., S. 231.
16 Vgl. ebda., S. 61–66.
17 Zum überragenden Einfluß Schumachers auf seine Partei: Edinger, Lewis J.; Kurt Schumacher, Persönlichkeit und politisches Verhalten, Opladen 1968, S. 146 ff.
18 Ausführlich dargestellt bei Matthias, a. a. O., S. 45 ff. Speziell zu Schumacher: Nakai, Takeshi, Die deutsche Sozialdemokratie zwischen Nationalismus und Internationalismus 1945–1952, Diss. Phil. Bonn 1975, S. 74–87, 276–297.
19 Schumacher stellte dazu fest: »Die Ideen der bürgerlichen Revolution sind auf den sozialdemokratischen Teil der Arbeiterschaft übergegangen und in diesem Rahmen lebendig geblieben.« Ders., Nach dem Zusammenbruch, Hamburg 1948, S. 141, auch S. 100.
20 Vgl. Bucylowski, Ulrich, Kurt Schumacher und die Deutsche Frage, Stuttgart 1973, S. 32.
21 Schwarz, Hans-Peter, Vom Reich zur Bundesrepublik. Deutschland im Widerstreit der außenpolitischen Konzeptionen in den Jahren der Besatzungsherrschaft 1945–1949, 2. Aufl., Stuttgart 1980, S. 489 ff.
22 Nakai, a. a. O., S. 85.
23 Schumacher, Kurt, Nach dem Zusammenbruch, a. a. O., S. 51.
24 Schmid, Carlo, Der Mensch im Staat von morgen, in: Politik und Geist, Stuttgart, 1961, S. 60–79, hier S. 78.
25 Ders., Das Problem der Macht in der Demokratie, ebda, S. 156–160, hier S. 156. Ähnlich auch Schumacher in seinem Vorwort zum Aktionsprogramm der SPD, beschlossen auf dem Dortmunder Parteitag am 28. 9. 1952, Broschüre, S. 7 und 8.
26 Vgl. Bucylowski, a. a. O., S. 25 ff. sowie Schumacher, Zusammenbruch, a. a. O., S. 22, 23, 46.
27 So Schumacher auf dem Hamburger Parteitag 1950, SPD-Parteitagsprotokoll 1950, S. 76.
28 Gabbe, a. a. O., S. 231, auf die Diskussion in allen Parteien bezogen.
29 Vgl. die entsprechenden Nachweise bei Gabbe, a. a. O., S. 146, Anm. 433–441.
30 Gabbe, a. a. O., S. 101, Anm. 14.
31 Vgl. die ausführliche Darstellung des Schmidtschen Gedankenganges bei Nakai, a. a. O., S. 87–92.
32 Zit. n. Gabbe, a. a. O., S. 123.
33 Zum Hintergrund siehe Hrbek, Rudolf, Die SPD, Deutschland und Europa, Die Haltung der Sozialdemokratie zum Verhältnis von Deutschland-Politik und Westintegration (1945–1957), Bonn 1972; Ashkenasi, Abraham, Reformpartei und Außenpolitik, Die Außenpolitik der SPD Berlin-Bonn, Köln: Opladen 1968; Löwke, Udo, Die SPD und die Wehrfrage 1949–1955, Bonn-Bad Godes-

berg 1976; Schmitz, Kurt Th., Deutsche Einheit und Europäische Integration, Bonn 1978.

34 Aktionsprogramm a. a. O., S. 7.

35 Die Wandlung der Haltung der SPD zur ökonomischen Integration, i. e. vom sozialistischen Europa über die Kooperation der Nationalstaaten zurück zur Bejahung der Integration im Rahmen der EWG beschreiben eingehend Hrbek, a. a. O.; Schmitz, a. a. O.

36 Vgl. dazu Löwke, a. a. O., S. 92 ff.

37 Typisch dafür die Forderung, aus Bündnissen jederzeit wieder austreten zu können, falls dies der Wiedervereinigung förderlich sei: Entschließung zur Außenpolitik, verabschiedet auf dem Parteitag in Berlin 1954, abgedruckt bei Löwke, a. a. O., S. 99.

38 Vgl. dazu Wilker, Lothar, Die Sicherheitspolitik der SPD 1956–1966. Zwischen Wiedervereinigung und Bündnisorientierung, Bonn-Bad Godesberg 1977, der hervorhebt, daß die Sicherheitspolitik in der SPD bis 1959 keinen eigenen Stellenwert besaß, sondern Bestandteil der Wiedervereinigungsstrategie blieb.

39 Vgl. die zahlreichen Belege bei Löwke, a. a. O., S. 86 ff.

40 Deutschland-Plan abgedruckt bei Flechtheim, Ossip, Dokumente zur parteipolitischen Entwicklung in Deutschland seit 1945, Bd. 3, Berlin 1963, S. 154–159. Zur Intention und Bedeutung des Planes nimmt ausführlich Stellung: Hütter, Joachim, SPD und nationale Sicherheit. Internationale und innenpolitische Determinanten des Wandels der Sozialdemokratischen Sicherheitspolitik 1959–1961, Meisenheim 1975, S. 66–76.

41 Godesberger Programm, Abschnitt: Die staatliche Ordnung.

42 Ausführlicher dazu Ashkenasi, a. a. O., S. 196.

43 Vortrag Brandts am 15. Juli 1963 in Tutzing, abgedruckt in: Wille zum Frieden, 2. Aufl., Hamburg 1972, S. 89–100, hier S. 92 f.

44 Rede vom 6. 12. 1961, abgedruckt in: Brandt, Der Wille zum Frieden, a. a. O., S. 68–74.

45 Ebda.

46 Bahrs Vortrag ist abgedruckt in: Deutschland-Archiv 6. Jg. 1973, S. 862–865. 10 Jahre später hielt Bahr am gleichen Ort einen Vortrag, in dem er darlegte, daß seine damaligen Ausführungen die Anwendung der Brandtschen außenpolitischen Prinzipien auf das konkrete Beispiel DDR gewesen seien. Ebda., S. 865–873.

47 Ebda., S. 864 f. Bahr nahm ausdrücklich Bezzug auf Adenauers Regierungserklärung, in der menschliche Erleichterungen für die Bevölkerung in der Zone Priorität gegenüber der staatlichen Wiedervereinigung eingeräumt wurden. Wörtlich nahezu identisch mit der Adenauer-Erklärung vertrat auch Brandt diese Einstellung, Wille zum Frieden, a. a. O., S. 83.

48 A. a. O., S. 865.

49 A. a. O., S. 866 (1973).

50 Brandt, Der Wille zum Frieden, a. a. O., S. 158–160.

51 Brandt, Willy, Reden und Interviews, o. O. 1971, S. 97.

52 Regierungserklärung 1969, a. a. O., S. 14 f.

53 Brandt, a. a. O., S. 97.

54 Brandt, Erklärung in der Nachmittagssitzung des Treffens mit dem Vorsitzenden des Ministerrates der DDR, Willi Stoph, am 21. Mai 1970 in Kassel, a. a. O., S. 232 ff, hier S. 233.

55 Regierungserklärung, in: Texte zur Deutschlandpolitik, Bd. 6, S. 13.

56 Ebda., S. 14 f.

57 Ebda.
58 Brandt, Erklärung zum Jahrestag der Reichsgründung, in: Reden und Interviews, II, S. 387 f.
59 Ebda., S. 51 f: »Das Deutschland, in dem wir leben, ist nicht der mächtige Staat, von dem manche zu meinen scheinen, daß er es sei, dessen Mittel ausreichen, das im Krieg Verlorene zurückzugewinnen, die Wiedervereinigung zu erzwingen und die politische Einheit Europas herzustellen.«
Im Register der ersten der beiden hier ausgewerteten Bände, die zusammen rd. 1000 Seiten stark sind, erscheint der Begriff »Wiedervereinigung« überhaupt nicht; im zweiten mit 4 Verweisen, bei denen entweder der Begriff von Fragestellern verwendet wird oder Brandt, ohne Verwendung des Wortes, zu der Thematik Stellung nimmt.
60 Erklärung in Erfurt, a. a. O., S. 159.
61 Siehe Niclauß, a. a. O., S. 51 u. 55.
62 Interview mit Publik, a. a. O., S. 67.
63 Bericht und Aussprache zur Lage der Nation 1978, abgedruckt in: Das Parlament 11/1978, S. 1–5.
64 Zur Lage der Nation 1975, hg. v. Bundesministerium für innerdeutsche Beziehungen, o. O., April 1975, S. 5–21, hier S. 12.
65 Darauf hatte bereits Egon Bahr 1963 als ein Prinzip des »Wandels durch Annäherung« hingewiesen.
66 Bericht zur Lage der Nation 1975, a. a. O.
67 Ebda.

Anmerkungen zu Kapitel 4.2.2:

1 Vgl. ausführlich dazu Weidenfeld, Werner, Konrad Adenauer und Europa, Die geistigen Grundlagen der westeuropäischen Integrationspolitik des ersten Bonner Bundeskanzlers, Bonn 1976; s. auch Niclauß, a. a. O.; Gabbe, a. a. O.
2 Mann, Golo, Zwölf Versuche, Frankfurt/M. 1973, S. 153.
3 Ebda.
4 Gedruckt in: Proebst, Hermann, Durchleuchtete Zeit, Politische und historische Betrachtungen eines Journalisten, hrsg. v. Schuster, Hans, München 1969, S. 144–151, hier S. 146.
5 Rede Adenauers in Recklinghausen am 1. 9. 1957.
6 Vgl. Schwarz, Hans-Peter, Vom Reich zur Bundesrepublik, Deutschland im Widerstreit der außenpolitischen Konzeptionen in den Jahren der Besatzungsherrschaft 1945–1949, Neuwied/Berlin 1966, S. 430.
7 Rede Adenauers in der Aula der Bonner Universität am 30. 1. 1949.
8 Rede Adenauers vor dem »American Committee on United Europe« in New York am 16. 4. 1953.
9 Schwarz, Hans-Peter, Konrad Adenauer: Erinnerungen 1945–1953, in: Politische Vierteljahresschrift, 6. Jg. 1965, S. 497–518, hier S. 510.
10 Rede Adenauers vor dem ›American Committee on United Europe‹ am 16. 4. 1953.
11 Siehe u. a. Interview Adenauers mit Ernst Friedländer, im NWDR am 22. 2. 1954.
12 Adenauer, Konrad, Erinnerungen, Bd. 1, Stuttgart 1965, S. 563.
13 Ebda., S. 534.
14 Ebda., S. 536.

15 Interview Adenauers mit Ernst Friedländer, im NWDR am 6. 3. 1953.
16 Adenauer, Erinnerungen, a. a. O., S. 382.
17 Ebda., S. 548.
18 Stenographische Berichte des Deutschen Bundestages, 6. WP, 23. Sitzung v. 15. 1. 1970, S. 854 ff.
19 Texte zur Deutschlandpolitik, Bd. 3, Bonn 1970, S. 206 ff.
20 Vgl. Hacke, Christian, Die Ost- und Deutschlandpolitik der CDU/CSU, Wege und Irrwege der Opposition seit 1969, Köln 1975.
21 Texte zur Deutschlandpolitik, Bd. 10, Bonn 1972, S. 276 ff.
22 Kohl, Helmut, Bundestagsreden und Zeitdokumente, hrsg. v. Horst Teltschik, Bonn 1978, S. 44.
23 Ebda., S. 330 ff.
24 Union in Deutschland, 8/81, S. 11 ff.
25 Dies ist auch ein Ergebnis der Anhörung vor dem Ausschuß für innerdeutsche Beziehungen am 7. 6. 1978; s. Frankfurter Allgemeine v. 8. 6. 1978.

Anmerkungen zu Kapitel 4.3:

1 Deutschlandpolitik, Anhörung, a. a. O., S. 34.
2 Baring, Arnulf, Außenpolitik in Adenauers Kanzlerdemokratie, Bonn-Beitrag zur Europäischen Verteidigungsgemeinschaft, München/Wien 1969, S. 333.
3 Mann, Golo, Zwölf Versuche, Frankfurt/M 1973, S. 113.
4 Rundfunkinterview Adenauers mit Ernst Friedländer im NWDR am 22. 2. 1954.
5 Protokoll der Fernsehsendung ›Meet the Press‹ v. 28. 8. 1962.
6 Adenauer, Konrad, Erinnerungen, Bd. 1, Stuttgart 1965, S. 269.
7 Vgl. Dettling, Warnfried und Weidenfeld, Werner, Die schleichende Krise der Republik, in: Die Zeit, Nr. 29, v. 14. 7. 1978.
8 Vgl. u. a. Berger, Peter L. und Luckmann, Thomas, Die gesellschaftliche Konstruktion der Wirklichkeit, Eine Theorie der Wissenssoziologie, 5. Aufl., Frankfurt 1970; Hättich, Manfred, Nationalbewußtsein und Staatsbewußtsein in der pluralistischen Gesellschaft, 3. Aufl., Mainz 1966, S. 21 ff.
9 Regierungserklärung Adenauers vor dem Deutschen Bundestag v. 20. 9. 1949, abgedruckt in: Behn, Hans U. (Hrsg.), Die Regierungserklärungen der Bundesrepublik Deutschland, München/Wien 1971, S. 11–34.
10 Verhandlungen des Deutschen Bundestages, 1. Wahlperiode, 1949, Bd. 1, S. 307 ff.
11 Vgl. zur kritischen Würdigung insbes. Weber, Jürgen, Das sowjetische Wiedervereinigungsangebot vom 10. März 1952, in: Aus Politik und Zeitgeschichte, B 50/69 u. B 40/70; Meyer, Gerd, Die sowjetische Deutschland-Politik im Jahre 1952, Köln 1970; Adenauer, Erinnerungen, a. a. O., Bd. 2, S. 66–131; Buchheim, Hans, Die Legende von der verpaßten Gelegenheit, Wollte die Sowjetunion im März 1952 wirklich die deutsche Wiedervereinigung durch freie Wahlen?, in: Frankfurter Allgemeine v. 15. 4. 1969, S. 18 f.; Meissner, Boris, Rußland, die Westmächte und Deutschland, Die sowjetische Deutschlandpolitik 1943–1953, 2. Aufl., Hamburg 1954, S. 290–332; Eschenburg, Theodor, Die deutsche Frage, München 1959, bes. S. 20; Erfurt, Werner, Die sowjetrussische Deutschlandpolitik 1945–1955, Esslingen 1956; Baring, Außenpolitik in Adenauers Kanzlerdemokratie, a. a. O., S. 147; Löwenthal, Richard, Vom kalten Krieg zur Ostpolitik, in: Löwenthal, Richard und Schwarz, Hans-Peter (Hrsg.),

Die zweite Republik, 25 Jahre Bundesrepublik Deutschland – eine Bilanz, Stuttgart 1974, S. 604–609, hier S. 616 ff.; Besson, Die Außenpolitik der Bundesrepublik, a. a. O., S. 122 ff.; Bandulet, Bruno, Adenauer zwischen West und Ost, Alternativen der deutschen Außenpolitik, München 1970, S. 64–113; Erdmenger, Klaus, Das folgenschwere Mißverständnis, Bonn und die sowjetische Deutschlandpolitik 1949–1955, Freiburg 1967, S. 143 ff.; Graml, Hermann, Nationalstaat oder westdeutscher Teilstaat, Die sowjetischen Noten vom Jahre 1952 und die öffentliche Meinung in der Bundesrepublik Deutschland, in: Vierteljahreshefte für Zeitgeschichte, 25. Jg. 1977, S. 821–864; Hillgruber, Andreas, Adenauer und die Stalin-Note vom 10. März 1952, in: Konrad Adenauer und seine Zeit, Bd. II, Stuttgart 1976, S. 111–130.

12 Text gedruckt in: Siegler, Heinrich v. (Hrsg.), Wiedervereinigung und Sicherheit Deutschlands, Bd. 1: 1944–1963, 6. Aufl., Bonn 1967, S. 41 f.; vgl. auch Adenauer, Erinnerungen, a. a. O., Bd. 1, S. 66–76.

13 Vgl. Adenauer, Erinnerungen, a. a. O., Bd. 1, S. 71.

14 Unterredung Adenauers mit dem Chefredakteur der ›Times‹, Casey, und dem Historiker der ›Times‹, Morison, am 3. 6. 1952.

15 Text gedruckt in: Siegler, a. a. O., S. 43; vgl. auch Adenauer, Erinnerungen, a. a. O., Bd. 1, S. 76–79.

16 Text gedruckt in: Siegler, a. a. O., S. 44 f.; vgl. auch Adenauer, Erinnerungen, a. a. O., Bd. 1, S. 79–82.

17 Text gedruckt in: Siegler, a. a. O., S. 45 ff.; vgl. auch Adenauer, Erinnerungen, a. a. O., Bd. 1, S. 93–98.

18 Text gedruckt in: Siegler, a. a. O., S. 47–50; vgl. auch Adenauer, Erinnerungen, a. a. O., Bd. 1, S. 98–103.

19 Text gedruckt in: Siegler, a. a. O., S. 50 ff.; vgl. auch Adenauer, Erinnerungen, a. a. O., Bd. 1, S. 110–126.

20 Text gedruckt in: Siegler, a. a. O., S. 52–55; vgl. Adenauer, Erinnerungen, a. a. Ol, Bd. 1, S. 126 ff.

21 Text gedruckt in: Siegler, a. a. O., S. 55 ff.; vgl. auch Adenauer, Erinnerungen, a. a. O., Bd. 1, S. 128–131.

22 Stalins Schrift »Ökonomische Probleme des Sozialismus in der UdSSR« in: Neue Welt, 7. Jg. 1952, Nr. 21, S. 2559–2591, wird hier vernachlässigt, weil sie in unserem Zusammenhang keine zusätzlichen Aspekte eröffnet; vgl. Meissner, a. a. O., S. 334 ff.

23 Meissner, a. a. O., bes. S. 77–221; Marienfeld, a. a. O.

24 Vgl. Dormann, Manfred, Demokratische Militärpolitik, Die alliierte Militärstrategie als Thema deutscher Politik 1949–1968, Freiburg 1970.

25 Hillgruber, a. a. O., S. 125.

26 Vgl. Deuerlein, Ernst, Deklamation oder Ersatzfrieden? Die Konferenz von Potsdam 1945, Stuttgart 1970; ders., Potsdam 1945, Ende oder Anfang, Köln 1970; ders. et al., Potsdam und die deutsche Frage, Köln 1970; Faust, Fritz, Das Potsdamer Abkommen und seine völkerrechtliche Bedeutung, 4. Aufl., Frankfurt/M 1969; Weidenfeld, Werner, Jalta und die Teilung Deutschlands, Andernach 1969.

27 Vgl. u. a. Adenauer, Erinnerungen, a. a. O., Bd. 1, S. 71, 96, 472 f., 535, 539.

28 Text in: Europa-Archiv, 7. Jg. 1952, S. D. 4660 f.

29 Adenauer, Erinnerungen, a. a. O., Bd. 2, S. 72.

30 Hillgruber, a. a. O., S. 120.

31 Zitiert bei Adenauer, Erinnerungen, a. a. O., Bd. 2 S. 85.

32 Adenauer, Erinnerungen, a. a. O., Bd. 2, S. 73.

Anmerkungen zu Kapitel 5:

1 Ludz, Peter Christian, Anknüpfen an die historische Verbindung zum Westen, Wie wir dem Begriff ›Nation‹ einen Sinn geben können, in: Vorwärts v. 29. 8. 1974.

2 Vgl. dazu Ludz, Peter C., Deutsche Nation in der Sicht der SED, in: Deutsche Nation – Schwerpunkt Berlin, o. O. o. J., S. 9–24; ders., Zum Begriff der ›Nation‹ in der Sicht der SED, Wandlungen und politische Bedeutung, in: Deutschland-Archiv, 6. Jg. 1973, Sonderheft, S. 77–87; Kopp, Fritz, Der Nationalbegriff in der DDR und in der Bundesrepublik Deutschland, Aspekte der Kontinuität und des Wandels, in: Beiträge zur Konfliktforschung, 7. Jg. 1977, H. 4, S. 79–115; Seeliger, Kurt, Die nationale Frage im Spiegel des SED-Marxismus, in: Deutschland-Archiv, 7. Jg. 1974, S. 576–581; Martiny, Albrecht, Marxismus und nationale Frage, in: Deutschland-Archiv, 8. Jg. S. 1176–1181; Hacker, Jens, Das neue Dilemma der DDR, Über »bürgerliche« und »sozialistische Nationen«, in: Die politische Meinung, 19. Jg. 1974, H. 154, S. 48–60; Meissner, Boris, Der sowjetische Nationsbegriff und die Frage des Fortbestands der deutschen Nation, in: Europa-Archiv, 32. Jg. 1977, S. 315–324; Pfeiler, Wolfgang, Die deutsche Frage in der Sicht von UdSSR und DDR, in: German Studies Review, 2/80, S. 225–260.

Anmerkungen zu Kapitel 5.1:

1 »Programm und Statut der SED«. Seminarmaterial des Gesamtdeutschen Instituts; hrsg. v. Bundesanstalt für gesamtdeutsche Aufgaben, Bonn, S. 16.

2 z. B. Kosing, Alfred: Die DDR in der Geschichte der deutschen Nation, in: Deutsche Zeitschrift für Philosophie, 12. Jg. 1964, S. 1165–1170, hier: S. 1160.

3 Ebda., S. 1168.

4 Die Verfassung der Deutschen Demokratischen Republik; Synopse der Fassungen vom 6. 4. 1968 und 7. 10. 1974; hrsg. v. Bundesanstalt für gesamtdeutsche Aufgaben; hier: Verf. v. 1968, Art. 1.

5 Definition aus dem Jahre 1913: Stalin, J. W.: Werke, Bd. 2, Berlin (Ost), 1953, S. 272; zitiert nach: Hacker, Jens: Das neue Dilemma der DDR. Über »bürgerliche« und »sozialistische Nationen«, in: Die politische Meinung, 19. Jg. 1974, Heft 154, S. 48–60, hier: S. 50.

6 Kosing, Alfred: Illusion und Wirklichkeit in der nationalen Frage, in: Deutschland-Archiv, 7. Jg. 1974, S. 306–315, hier: S. 308/309 (Orig.: Einheit, 1962, 5), (Hervorhebungen von Kosing).

7 Das »Nationale Dokument« von 1962: »Die geschichtliche Aufgabe der Deutschen Demokratischen Republik und die Zukunft Deutschlands«, in: Aktuelle Materialien zur Deutschland-Frage, Hrsg.: Bundesminister für Gesamtdeutsche Fragen, Nr. 84, S. 10.

8 Kosing, Alfred: Die DDR in der Geschichte der deutschen Nation, a. a. O., S. 1169.

9 Kosing, Alfred: Illusion und Wirklichkeit . . ., a. a. O., S. 311/312.

10 Abgedruckt in: Deutschland-Archiv, 2. Jg. 1969, S. 1328–1332.

11 In: Deutschland-Archiv, 3. Jg. 1970, S. 66–75 (Orig.: Neues Deutschland, im folgenden abgekürzt: ND, vom 14. Dez. 1969).

12 Vertrag abgedruckt in: Deutschland-Archiv, 3. Jg. 1970, S. 81–82.

13 teilweiser Abdruck in: Deutschland-Archiv, 3. Jg. 1970, S. 104–105.

14 Rede abgedruckt in: Deutschland-Archiv, 3. Jg. 1970, S. 179–187, hier: S. 181.
15 Rede Ulbrichts zur Vorbereitung des 25. Jahrestages der SED; auszugsweise in: Deutschland-Archiv, 4. Jg. 1971, S. 308–312, hier: S. 309/310 (Hervorhebungen im Original) (Orig.: ND v. 14. 1. 1971).
16 Schlußwort Walter Ulbrichts auf der 13. Tagung des ZK der SED im Juni 1970, in: Deutschland-Archiv, 3. Jg. 1970, S. 844–857 (Orig.: ND v. 16. Juni 1970).
17 Deutschland-Archiv, 4. Jg. 1971, S. 759–771 (Orig.: ND v. 16. Juni 1971).
18 Ebda., S. 770/771.
19 Hagers, Kurt, Referat über die Kulturpolitik auf der 6. ZK-Tagung, in: Deutschland-Archiv, 5. Jg. 1972 S. 986–1001, hier: S. 1000/1001; s. auch: Honecker, Erich: Aus dem Bericht des Politbüros an die 9. Tagung des ZK der SED im Mai 1973, in: Deutschland-Archiv, 6. Jg. 1973, S. 761–774, hier: S. 767 ff. (Orig.: ND v. 29. 5. 1973).
20 Axen, Hermann, in: Deutschland-Archiv, 6. Jg. 1973, S. 414–416, hier: S. 415 (Orig.: Die Festigung der internationalen Positionen der DDR, in: Horizont Nr. 12, 1972).
21 Deutschland-Archiv, 4. Jg. 1971, S. 771.
22 Norden, Albert, Zum Begriff Nation, in: Deutschland-Archiv, 5. Jg. 1972, S. 1223–1225, hier: S. 1223.
23 Ebda., S. 1224; s. auch: Norden, Albert: Zwei deutsche Nationalstaaten, in: Deutschland-Archiv, 6. Jg. 1973, S. 416–417 (Orig.: ND v. 20. 3. 1973).
24 Kleines politisches Wörterbuch, Berlin (Ost), 1973, S. 242; zitiert nach: Bruns, Wilhelm: Sozialistische Außenpolitik oder Außenpolitik der DDR. Zu einigen Grundfragen der DDR-Außenpolitik, in: Aus Politik und Zeitgeschichte. Beilage zu »Das Parlament«, 19. Jg., 1977, S. 3–32, hier: S. 12.
25 Siehe Verfassung der DDR v. 7. 10. 1974; s. auch: Schmid, Karin: Die Änderung der Verfassung der Deutschen Demokratischen Republik durch das Verfassungsänderungsgesetz vom 7. Okt. 1974; Berichte des Bundesinstituts für ostwissenschaftliche und internationale Studien, Köln, Febr. 1975.
26 Verfassung: a. a. O., Präambel.
27 Schneider, Eberhard: Die SED der 80er Jahre. Das neue Programm und Statut der Partei; Berichte des Bundesinstituts für ostwissenschaftliche und internationale Studien, Köln, 23/1977.
28 Axen, Hermann: Zur Entwicklung der sozialistischen Nation in der DDR, Berlin (Ost), 1973, S. 34 ff; Kosing, Alfred und Schmidt, Walter: Zur Herausbildung der sozialistischen Nation in der DDR, in: Deutschland-Archiv, 7. Jg. 1974, S. 297–306, hier: S. 305 f (Orig. in: Einheit, 1974, 2).
29 Mahnke, Hans-Heinrich: Der neue Freundschafts- und Beistandspakt zwischen Sowjetunion und DDR, in: Deutschland-Archiv, 8. Jg. 1975, S. 1160–1175; s. auch: Oldenburg, Fred und Meier, Christian: Der Vertrag über Freundschaft, Zusammenarbeit und gegenseitigen Beistand zwischen Sowjetunion und der DDR vom 7. Oktober 1975. Motive–Inhalte–Konsequenzen; Berichte des Bundesinstituts für ostwissenschaftliche und internationale Studien, Köln, 59/1975.
30 Zu der Frage, inwieweit die sich ändernden Auffassungen in der Nationenfrage in der DDR jeweils auf die Grundlagen des Marxismus-Leninismus zurückgeführt werden können (Problematik der Kompatibilität von Neuinterpretation und unveränderter Grundlage): Martiny, Albrecht: Marxismus und nationale Frage, in: Deutschland-Archiv, 8. Jg. 1975, S. 1176–1181; Seliger, Kurt: Die nationale Frage im Spiegel des SED-Marxismus, in: Deutschland-Archiv, 7. Jg. 1974, S. 576–581; sowie: Oberländer, Erwin: Zurück zu Stalin. Das Ende der

sowjetischen Diskussion um den Nationbegriff; Berichte des Bundesinstituts für ostwissenschaftliche und internationale Studien, Köln 54/1970.

31 Kosing, A. und Schmidt: a. a. O., S. 301; s. auch: Kosing/Schmidt: Nation und Nationalität in der DDR, Grundsatzartikel in ND v. 15./16. Febr. 1975, abgedruckt in: Deutschland-Archiv, 8. Jg. 1975, S. 1221–1228, hier: S. 1224.

32 Axen, Hermann: Zur Entwicklung der sozialistischen Nation . . ., a. a. O., S. 15/16.

33 Kosing/Schmidt: Nation und Nationalität . . ., a. a. O., S. 1224/1225.

34 Axen, Hermann: a. a. O., S. 14.

35 Ebda., S. 12.

36 Kosing/Schmidt: Nation und Nationalität . . ., a. a. O., S. 1223.

37 Ebda., S. 1223.

38 Axen, Hermann: a. a. O., S. 20 und Kosing/Schmidt: Zur Herausbildung der sozialistischen Nation . . ., a. a. O., S. 302.

39 Axen, Hermann: a. a. O., S. 36.

40 ADN v. 16. 2. 1981.

Anmerkungen zu Kapitel 5.2:

1 Deutsches Allgemeines Sonntagsblatt v. 9. 11. 1980.

2 Frankfurter Allgemeine Zeitung v. 11. 1. 1978.

3 Vgl. u. a. Mainzer Allgemeine Zeitung v. 2. 2. 1980.

4 Schweigler, a. a. O.; hochinteressante Hypothesen dazu auch bei Pfeiler, Zum Nationalbewußtsein in der DDR, a. a. O.

5 Rudolph, Hermann, Die Gesellschaft der DDR – eine deutsche Möglichkeit?, München 1972, S. 13.

6 Ebda., S. 120.

7 Ebda.

8 Vgl. z. B. Kunze, Reiner. Die wunderbaren Jahre, Frankfurt 1976; als systematischen Überblick s. Bilke, Jörg B., Die verdrängte Wirklichkeit, DDR-Literatur unter Erich Honecker 1971–1978, in: Aus Politik und Zeitgeschichte, B 23/78, S. 15–35.

9 Soell, Hartmut, Verwirrung um die nationale Frage, in: Der Spiegel v. 6. 2. 1978.

10 Vgl. ausführlicher zu diesem Gesichtspunkt Rainer Lepsius, in: Deutschlandpolitik, Anhörung, a. a. O., S. 233 ff.

11 Vgl. dazu u. a. Winters, Peter Jochen, Mehr als eine Kaffeekrise, Die innerpolitische Situation in der DDR, in: Deutschland-Archiv, 10. Jg. 1977, S. 1233–1236; Thalheim, Karl C., Das Unbehagen an und in der DDR, Die Kluft zwischen Ideologie und Realität, in: Die politische Meinung, 23. Jg. H. Jan./Febr. 1978, S. 43–55; zur Frage nach dem politischen System siehe einführend Weber, Jürgen (Bearb.), DDR – Bundesrepublik Deutschland, München 1980.

12 Vgl. Der Spiegel v. 2. und 9. 1. 1978; hier zitiert aus: DDR, Das Manifest der Opposition, Eine Dokumentation, München 1978, hier S. 23 ff.; als Symptome werden hier die große Zahl der Ausreiseanträge, die ›geistige Republikflucht‹, d. h. das Einschalten des Westfernsehens, genannt.
Vgl. kritisch dazu Maibaum, Werner, Zum Spiegel-Manifest, in: Liberal, 20. Jg. 1978, H. 2, S. 99–102; Bender, Peter, Episode oder Alarmzeichen für Honekker?, Anmerkungen zum ›Spiegel-Manifest‹, in: Deutschland-Archiv, 11. Jg. 1978, S. 113–116.

Zum Hintergrund s. Grebing, Helga, Die intellektuelle Opposition in der DDR seit 1956, in: Aus Politik und Zeitgeschichte, B 45/1977, S. 3–19; dies., Der Revisionismus, Von Bernstein bis zum »Prager Frühling«, München 1977; vgl. auch die Stellungnahmen von Robert Havemann in: Deutschland-Archiv, 7. Jg. 1974, S. 46–49; Deutschland-Archiv, 9. Jg. 1976, S. 1102–1109; Deutschland-Archiv, 11. Jg. 1978, S. 327–329; s. jetzt auch Robert Havemanns neues Buch: Ein deutscher Kommunist, Rückblicke und Perspektiven aus der Isolation, Reinbek 1978. In diesem Buch, das der Ausdruck einer Tonbandaufzeichnung ist, unterstreicht Havemann Beurteilungen Bahros.

13 Siehe ›Bei uns gilt die Diktatur des Proletariats‹, in: Der Spiegel v. 13. 3. 1978.

14 Vgl. ausführlich dazu Hacker, Jens, Nico Hübner und die vier Mächte, in: Frankfurter Allgemeine v. 23. 5. 1978; s. auch Hübner, Nico, Vielleicht ändert sich noch mal was, in: Die Zeit v. 31. 3. 1978; s. auch Die Welt v. 31. 3. 1978.

15 Bahro, Rudolf, Die Alternative, Zur Kritik des real existierenden Sozialismus, Frankfurt/M 1977. Zur kritischen Auseinandersetzung mit dem Buch vgl. Spittmann, Ilse, Der Fall Bahro, in: Deutschland-Archiv, 10. Jg. 1977, S. 1009–1011; Hertwig, Manfred, Der ›aufrechte Gang‹ in Richtung Sozialismus, in: Deutschland-Archiv, 10. Jg. 1977, S. 1093–1099; Schenk, Fritz, Rudolf Bahro und das Dilemma des Marxismus-Leninismus, in: Deutschland-Archiv, 11. Jg. 1978, S. 469–472; Bartsch, Günter, Mehr als Alternative – ein Durchbruch und Neubeginn, in: Deutschland-Archiv, 11. Jg. 1978, S. 472–476; Brandt, Heinz, Die Alternative, die aus dem Kerker kam, Die Arbeiten Rudolf Bahros: Erst damit verläßt Stalin den Raum, in: Frankfurter Rundschau v. 18. 2. 1978; Diehl-Thiele, Peter, Wer sich in Gefahr begibt, der kommt darin um, Der Marxist Rudolf Bahro seziert den deformierten Sozialismus der DDR und der Länder Osteuropas, in: Süddeutsche Zeitung v. 14. 9. 1977; Götz, Hans H., Es denkt in der DDR, Zu dem neuen Buch von Rudolf Bahro, in: Frankfurter Allgemeine v. 25. 8. 1977; ders., Utopisches aus Ost-Berlin, Eine böse Analyse des SED-Staates mit nebelhaften Vorschlägen für dessen kommunistische Erneuerung, in: Frankfurter Allgemeine v. 2. 9. 1977; Fricke, K. W., Es denkt in der DDR, Bahro und die innerkommunistische Opposition, in: Rheinischer Merkur v. 2. 9. 1977; Hermann, Ludolf, Rudolf Bahros Alternative, Sein Ziel bleibt Utopie, in: Deutsche Zeitung v. 14. 10. 1977; Leo, Walter, Begegnung mit einem Ideal, Rudolf Bahro erinnert an das, was Kommunisten einst getrieben hat, in: Vorwärts v. 1. 9. 1977; Kloss, Hans Dieter, Können alle Menschen zu Kommunisten erzogen werden? Ein Vorschlag für die Gesellschaft der Zukunft, Rudolf Bahro mißt Lenins Erben an Karl Marx, in: Stuttgarter Zeitung v. 10. 9. 1977.

16 Manifest, a. a. O., S. 12.

17 Ebda., S. 13.

18 Ebda., S. 21.

19 Ebda., S. 20 f.

20 Ebda., S. 16.

21 Ebda., S. 20.

22 Ebda., S. 21.

23 Vgl. dazu Hacker, Jens, Neue Chancen für die nationale Frage? Das gesamtdeutsche Vakuum in Bonner und DDR-Sicht, in: Die politische Meinung, Heft 177/1978, S. 41–53.

24 Weitere Einzelheiten in: Die Welt v. 3. 1. 1978.

Anmerkungen zu Kapitel 6:

1 Hassner, Pierre, Von der ›Détente‹ zum Argwohn, Ost-West-Beziehungen in einer neuen Phase, in: Schweizer Monatshefte für Politik, Wirtschaft, Kultur, 56. Jg. 1976/77, S. 11–22, hier S. 11.
2 Arendt, Hannah, Vita activa oder Vom tätigen Leben, München 1960, S. 10 f.
3 Kohl, Helmut, Zwischen Ideologie und Pragmatismus, Aspekte und Ansichten zu Grundfragen der Politik, 3. Aufl., Stuttgart 1974, S. 50.
4 Als Überblick jetzt: Bergsdorf, Wolfgang, Politik und Sprache, München 1978.
5 Als Überblick zur Interaktionstheorie s. Gaumann, C. F., Interaktion und Kommunikation, in: Handbuch der Psychologie, Bd. 7, 2. Halbbd., Göttingen 1972, S. 1109–1263.
6 Buber, Martin, Dialogisches Leben, Zürich 1947, S. 28 f S. 72.
7 Frankfurter Allgemeine v. 6. 2. 1978.
8 Ausführlich dazu Hans-Peter Schwarz, in: Deutschlandpolitik, Anhörung, a. a. O., S. 24 ff.
9 Text in: GBl. der DDR 1967, I, S. 3; vgl. dazu Zieger, G., Das Staatsbürgerschaftsgesetz der DDR, Frankfurt/Berlin 1969.
10 Siehe auch Blumenwitz, Dieter, Die deutsche Staatsangehörigkeit und die Konsularverträge der DDR mit dritten Staaten, in: Politische Studien, 26. Jg. 1975, S. 183–292.
11 Vgl. u. a. Wettig, Gerhard, Fünf Jahre Berlin-Abkommen, in: Aus Politik und Zeitgeschichte, B 42/76.

8. Literaturverzeichnis

Adenauer, Konrad, Erinnerungen, Bd. 1–4, Stuttgart 1965 ff.
Allensbacher Jahrbuch der Demoskopie, Bd. VI u. VII, Wien/München/Zürich 1976/77.
Arendt, Hannah, Vita activa oder vom tätigen Leben, München 1960.
Artner, Stephen J., Entspannungspolitik vor und nach Afghanistan, in: Außenpolitik, 31. Jg. 1980, S. 134–146.
Ashkenasi, Abraham, Reformpartei und Außenpolitik. Die Außenpolitik der SPD Berlin-Bonn, Köln/Opladen 1968.
Außenpolitik der DDR – für Sozialismus und Frieden. Hrsg. Institut für Internationale Beziehungen an der Akademie für Staats- und Rechtswissenschaften der DDR, Berlin (Ost) 1974.
Die Auswärtige Politik der Bundesrepublik Deutschland, hrsg. v. Auswärtigen Amt, Köln 1972.
Axen, Hermann, Zur Entwicklung der sozialistischen Nation in der DDR, Berlin (Ost), 1973.

Backer, John H., Priming the German Economy. American occupational Policies 1945–1948. Durham, N. C. 1971.
Badstübner, Thomas, Die Spaltung Deutschlands und der Restaurationsprozeß in der BRD 1945–155, Köln 1975.
Bahro, Rudolf, Die Alternative, Zur Kritik des real existierenden Sozialismus, Frankfurt/M 1977.
Bahros Selbstinterview, in: Deutschland Archiv, 10. Jg. 1977, S. 1105–1114.
Balsner, Frolinde, Sozialdemokratie 1848/49–1863. Die erste deutsche Arbeiterorganisation »Allgemeine deutsche Arbeiterverbrüderung« nach der Revolution, Stuttgart 1962.
Bandulet, Bruno, Adenauer zwischen West und Ost, Alternativen der deutschen Außenpolitik, München 1970.
Baring, Arnulf, Außenpolitik in Adenauers Kanzlerdemokratie, Bonns Beitrag zur Europäischen Verteidigungsgemeinschaft, München/Wien 1969.
Bark, Dennis, L., Agreement on Berlin, A Study of the 1970–1972 Quadripartite Negotiations, Washington 1974.
Bartsch, Günter, Mehr als eine Alternative – ein Durchbruch und Neubeginn, in: Deutschland-Archiv, 11. Jg. 1978, S. 472–476.
Bebel, August, Aus den Anfängen der Arbeiterbewegung, in: Die Gründung der deutschen Sozialdemokratie. Eine Festschrift der Leipziger Arbeiter zum 23. Mai 1903, Leipzig 1903.
Behr, Wolfgang, Bundesrepublik Deutschland – Deutsche Demokratische Republik, Grundkonflikte und Konvergenzerscheinungen, in: Aus Politik und Zeitgeschichte, B 36–37/74.
Bellers, Jürgen, Reformpolitik und EWG-Strategie der SPD, Die innen- und außenpolitischen Faktoren der europapolitischen Integrationswilligkeit einer Oppositionspartei 1957–1963, München 1979.
Bender, Peter, Die Ostpolitik Willy Brandts oder die Kunst des Möglichen, Reinbek 1972.
Bender, Peter, Episode oder Alarmzeichen für Honecker? Anmerkungen zum ›Spiegel-Manifest‹, in: Deutschland-Archiv, 11. Jg. 1978, S. 113–116.

Benz, Wolfgang, *Plum*, Günter, *Röder*, Werner, Einheit der Nation, Diskussionen und Konzeptionen zur Deutschlandpolitik der großen Parteien seit 1945, Stuttgart 1978.

Berger, Peter L. u. *Luckmann*, Thomas, Die gesellschaftliche Konstruktion der Wirklichkeit, Eine Theorie der Wissenssoziologie, 5. Aufl., Frankfurt 1970.

Bergsdorf, Wolfgang, Politik und Sprache, München 1978.

Berschin, Helmut, Deutschland – ein Name im Wandel, Die deutsche Frage im Spiegel der Sprache, München/Wien 1979.

Besson, Waldemar, Die Außenpolitik der Bundesrepublik, Erfahrungen und Maßstäbe, München 1970.

Die Beziehungen zwischen der DDR und der BRD. Ringen um friedliche Koexistenz. Berlin (Ost) 1974.

Bilke, Jörg. B., Die verdrängte Wirklichkeit, DDR-Literatur unter Erich Honecker 1971–1978, in: Aus Politik und Zeitgeschichte, B. 23/78, S. 15–35.

Biskup, Reinhold, Deutschlands offene Handelsgrenze, Die DDR als Nutznießer des EWG-Protokolls über den innerdeutschen Handel, Berlin 1976.

Blumenwitz, Dieter, Die deutsche Staatsangehörigkeit und die Konsularverträge der DDR mit dritten Staaten, in: Politische Studien, 26. Jg. 1975, S. 183–292.

Bodensieck, Heinrich, Deutschland – politischer Grundkonflikt der Bundesrepublik Deutschland, in: Politik und Kultur, Heft 1/1978, S. 48–58.

Böhme, Erich (Hrsg.) Deutsch-deutsche Pressefreiheit, Vom Grundlagenvertrag bis zur Schließung des Spiegel-Büros, Hamburg 1978.

Bossmann, Dieter (Hrsg.) Schüler über die Einheit der Nation, Ergebnisse einer Umfrage, Frankfurt 1978.

Brandt, Willy, Reden und Interviews, hrsg. v. Presse- und Informationsamt der Bundesregierung, 2 Bde, Bonn 1971.

Brandt, Willy, Der Wille zum Frieden, Perspektiven der Politik, Hamburg 2. Aufl. 1972.

Bredow, Wilfried v., Die Grundsatzverpflichtung, eine Nation zu sein, in: Liberal, 17. Jg. 1975, S. 420–434.

Bruns, Wilhelm, Deutsch-deutsche Beziehungen, Prämissen – Probleme – Perspektiven, Opladen 1978.

Buber, Martin, Dialogisches Leben, Zürich 1947.

Buchheim, Hans, Die Deutschland- und Außenpolitik Konrad Adenauers, in: Politische Bildung, 4. Jg. 1971, Heft 2, S. 31–42.

Bucylowski, Ulrich, Kurt Schumacher und die Deutsche Frage, Stuttgart 1973.

Bühl, Walter, Evolution und Revolution, München 1970.

Bundesministerium für innerdeutsche Beziehungen (Hrsg.) Die Entwicklung der Beziehungen zwischen der Bundesrepublik Deutschland und der DDR 1969–1976, o. O. 1977.

Bundesministerium für innerdeutsche Beziehungen (Hrsg.), Zehn Jahre Deutschlandpolitik, Die Entwicklung der Beziehungen zwischen der Bundesrepublik Deutschland und der Deutschen Demokratischen Republik 1969–1979, Bonn 1980.

Cieslar, Eva, u. a. (Hrsg.), Der Streit um den Grundvertrag, Eine Dokumentation, München 1973.

Conze, Werner und *Groh, Dieter,* Die Arbeiterbewegung in der nationalen Bewegung, Stuttgart 1966.

Conze, Werner, Die deutsche Nation, Ergebnis der Geschichte, 2. Aufl., Göttingen 1963.

Craig, Gordon, Deutsche Geschichte 1866–1945, München 1980.
Cramer, Dettmar, Deutschland nach dem Grundvertrag, Stuttgart 1973.
Cramer, Dettmar, Leistungsdruck durch Lohnreform, in: Deutschland-Archiv, 9. Jg. 1976, S. 1125–1127.
Croan, Melvin, Regime, Gesellschaft und Nation, Die DDR nach dreißig Jahren, in: Deutschland-Archiv, 12. Jg. 1979, S. 1032–1042.

Damus, Renate, Über den Zusammenhang mangelnder Vergesellschaftung der Entscheidungsprozesse und mangelnder ökonomischer Effizienz, in: Deutschland-Archiv, 9. Jg. 1976, S. 1062–1076.
Dasbach-Mallinckrodt, Anita, Wer macht die Außenpolitik der DDR? Apparat, Methoden, Ziele, Düsseldorf 1972.
Davison, W. Phillips, Die Blockade von Berlin. Modellfall des Kalten Krieges, Frankfurt/Berlin 1959.
Deuerlein, Ernst, Deklamation oder Ersatzfrieden? Die Konferenz von Potsdam 1945, Stuttgart 1970.
Deuerlein, Ernst, Potsdam und die deutsche Frage, Köln 1970.
Deuerlein, Ernst, Potsdam 1945, Ende oder Anfang, Köln 1970.
Deutsch, Karl W., Nationalism and social communication, Cambridge 1953.
Deutsch, Karl W., Nationenbildung – Nationalstaat – Integration, Düsseldorf 1972.
Dietz, Raimund, Der Wertbegriff in der politischen Ökonomie des sowjetischen Sozialismus (DDR) und die gesellschaftliche Struktur der Arbeit, in: Deutschland-Archiv, 8. Jg. 1975, Sonderheft, S. 3–22.
Doehring, Karl, – Wilhelm Kewing – Georg Ress, Staats- und völkerrechtliche Aspekte der Deutschland- und Ostpolitik, Frankfurt/M. 1971.
Dokumente zur Deutschlandpolitik, Frankfurt/Berlin 1961 ff.
Dormann, Manfred, Demokratische Militärpolitik, Die alliierte Militärstrategie als Thema deutscher Politik 1949–1968, Freiburg 1970.

Ebersold, Günter, Die Stellung W. Liebknechts und A. Bebels zur deutschen Frage 1863 bis 1870., Phil. Diss., Heidelberg 1963.
Eckert, Georg, Die Konsolidierung der sozialdemokratischen Arbeiterbewegung zwischen Reichsgründung und Sozialistengesetz, in: Hans Mommsen (Hrsg.), Sozialdemokratie zwischen Klassenbewegung und Volkspartei, Frankfurt 1974, S. 35–51.
Edinger, Lewis J., Kurt Schumacher, Persönlichkeit und politisches Verhalten, Opladen 1968.
Ehlermann, Claus-Dieter, u. a., Handelspartner DDR – Innerdeutsche Wirtschaftsbeziehungen, Baden-Baden 1975.
End, Heinrich, Zweimal deutsche Außenpolitik, Internationale Dimensionen des innerdeutschen Konflikts 1949–1972, Köln 1973.
Erdmenger, Klaus, Das folgenschwere Mißverständnis, Bonn und die sowjetische Deutschlandpolitik 1949–1955, Freiburg 1967.
Erfurt, Werner, Die sowjetrussische Deutschlandpolitik 1945–1955, Eßlingen 1956.
Erikson, Erik, Identität und Lebenszyklus, Frankfurt 1966.
Ernst, Helga, Die deutsche Nation in der Sicht der DDR, Diss. phil., Berlin 1977.
Eschenburg, Theodor, Die deutsche Frage, München 1959.

Faust, Fritz, Das Potsdamer Abkommen und seine völkerrechtliche Bedeutung, 4. Aufl., Frankfurt/M 1969.

Fijalkowski, Jürgen u. a., Berlin. Hauptstadtanspruch und Westintegration, Köln 1967.
Flechtheim, Ossip, Dokumente zur parteipolitischen Entwicklung in Deutschland seit 1945, Bd. 3, Berlin 1963.
Fritsch-Bournazel, Renate, Die Sowjetunion und die deutsche Teilung, Die sowjetische Deutschlandpolitik 1945–1970, Opladen 1979.
Füllenbach, Josef u. Eberhard *Schulz* (Hrsg.), Entspannung am Ende?, München/Wien 1980.

Gabbe, Jörg, Parteien und Nation, Zur Rolle des Nationalbewußtseins für die politischen Grundorientierungen der Parteien in der Anfangsphase der Bundesrepublik, Meisenheim am Glan 1976.
Gotto, Klaus, Adenauers Deutschland- und Ostpolitik 1954–1963, in: Morsey Rudolf u. Konrad Repgen (Hrsg.), Adenauer-Studien III, Mainz 1974, S. 3–91.
Gradl, J. B., Stets auf der Suche, Köln 1979.
Graml, Hermann, Nationalstaat oder westdeutscher Teilstaat, Die sowjetischen Noten vom Jahre 1952 und die öffentliche Meinung in der Bundesrepublik Deutschland, in: Vierteljahreshefte für Zeitgeschichte, 25. Jg. 1977, S. 821–864.
Grätz, Frank, Ideelle Stimuli in der DDR-Wirtschaft, in: Deutschland-Archiv, 10. Jg. 1977, S. 1071–1079.
Graumann, C. F.: Interaktion und Kommunikation, in: Handbuch für Psychologie, Bd. 7, 2. Halbbd., Göttingen 1972, S. 1109–1263.
Grebing, Helga, Die intellektuelle Opposition in der DDR seit 1956, in: Aus Politik und Zeitgeschichte, B 45/77, S. 3–19.
Grebing, Helga, Der Revisionismus, Von Bernstein bis zum ›Prager Frühling‹, München 1977.
Greiffenhagen, Martin u. Sylvia, Ein schwieriges Vaterland, Zur politischen Kultur Deutschlands, München 1979.
Grewe, Wilhelm, Rückblenden, 1976–1951, Frankfurt 1979.
Grosser, Alfred, Deutschlandbilanz, 4. Aufl., München 1972.
Gusseck, Lutz, Die internationale Praxis der Transitgewährung und der Berlin-Verkehr, Frankfurt/M 1973.

Hacke, Christian, Die Ost- und Deutschlandpolitik der CDU/CSU, Wege und Irrwege der Opposition seit 1969, Köln 1975.
Hacker, Jens, Der Rechtsstatus Deutschlands aus der Sicht der DDR, Köln 1974.
Hacker, Jens, Das neue Dilemma der DDR, über »bürgerliche« und »sozialistische« Nationen, in: Die politische Meinung, 19. Jg. 1974, Heft 154, S. 48–60.
Hacker, Jens, Deutsche unter sich, Politik mit dem Grundvertrag, Stuttgart 1977.
Hacker, Jens, Neue Chancen für nationale Frage?, Das gesamtdeutsche Vakuum in Bonner und DDR-Sicht, in: Die politische Meinung, 23. Jg. 1978, Heft 177, S. 41–53.
Hanrieder, Wolfgang, Die stabile Krise, Ziele und Erscheinungen der bundesrepublikanischen Außenpolitik 1949–1969, Düsseldorf 1971.
Hassner, Pierre, Von der ›Détente‹ zum Argwohn, Ost-West-Beziehungen in einer neuen Phase, in: Schweizer Monatshefte für Politik, Wirtschaft, Kultur, 56. Jg. 1976/77, S. 11–22.
Hättich, Manfred, Nationalbewußtsein und Staatsbewußtsein in der pluralistischen Gesellschaft, 3. Aufl., Mainz 1966.
Havemann, Robert, Ein deutscher Kommunist, Rückblicke und Perspektiven aus der Isolation, Reinbek 1978.

Heidegger, Hermann, Die deutsche Sozialdemokratie und der nationale Staat 1870–1920, Göttingen 1956.
Hertwig, Manfred, Der ›aufrechte Gang‹ in Richtung Sozialismus, in: Deutschland-Archiv, 10. Jg. 1977, S. 1093–1099.
Herzfeld, Hans, Berlin in der Weltpolitik 1945–1970, Berlin 1973.
Hillgruber, Andreas, Deutsche Geschichte von 1945–1972. Die ›deutsche Frage‹ in der Weltpolitik, Darmstadt 1974.
Hillgruber, Andreas, Adenauer und die Stalin-Note vom 10. März 1952, in: Konrad Adenauer und seine Zeit, Bd. 2, Stuttgart 1976, S. 111–130.
Hirsch, Helmut, August Bebel, Sein Leben in Dokumenten, Reden und Schriften, Köln/Berlin 1968.
Hoebink, Hein, Westdeutsche Wiedervereinigungspolitik 1949–1961, Meisenheim am Glan 1978.
Honecker, Erich, Aus dem Bericht des Politbüros an die 9. Tagung des ZK der SED im Mai 1973, in: Deutschland-Archiv, 6. Jg. 1973, S. 761–774.
Hrbek, Rudolf, Die SPD, Deutschland und Europa. Die Haltung der Sozialdemokraten zum Verhältnis von Deutschland-Politik und Westintegration (1945–1957), Bonn 1972.
Hütter, Joachim, SPD und nationale Sicherheit. Internationale und innenpolitische Determinanten des Wandels der Sozialdemokratischen Sicherheitspolitik 1959–1961, Meisenheim 1975.

Jacobsen, Hans-Adolf u. a. (Hrsg.), Drei Jahrzehnte Außenpolitik der DDR, München/Wien 1979.
Jansen, Bernhard, EWG und DDR nach Abschluß des Grundlagenvertrages, Baden-Baden 1977.
Jüttner, Alfred, Die deutsche Frage, Eine Bestandsaufnahme, Köln 1971.

Kaiser, Karl, Die neue Ostpolitik, in: Aus Politik und Zeitgeschichte, B 43/79, S. 3–10.
Kewenig, Wilhelm, Auf der Suche nach einer neuen ›Deutschland-Theorie‹ in: Öffentliche Verwaltung, 1973, S. 797–801.
Kewenig, Wilhelm, Deutschlands Rechtslage heute, in: Europa-Archiv, 29. Jg. 1974, S. 71–82.
Kirsch, Henry, German Politics under Soviet Occupation, London 1975.
Kohl, Helmut, Zwischen Ideologie und Pragmatismus, Aspekte und Ansichten zu Grundfragen der Politik, 3. Aufl., Stuttgart 1974.
Kohl, Helmut, Bundestagsreden und Zeitdokumente, hrsg. von Horst Teltschik, Bonn 1978.
Körner, Klaus, Die innerdeutschen Beziehungen, in: Schwarz, Hans-Peter (Hrsg.), Handbuch der deutschen Außenpolitik, München/Zürich 1975, S. 616–646.
Körner, Ulrich, Materielle Stimulierung in der DDR. Zur Entwicklung der Planung und Bildung des Prämienfonds, in: Deutschland-Archiv, 10. Jg. 1977, S. 1080–1092.
Kosing, Alfred, Die DDR in der Geschichte der deutschen Nation, in: Deutsche Zeitschrift für Philosophie, 12. Jg. 1964, S. 1165–1170.
Kosing, Alfred, Illusion und Wirklichkeit in der nationalen Frage, in Deutschland-Archiv, 7. Jg. 1974, S. 306–315.
Kosing, Alfred und *Schmidt*, Walter, Zur Herausbildung der sozialistischen Nation in der DDR, in: Deutschland-Archiv, 7. Jg. 1974, S. 297–306.
Kosing, Alfred und *Schmidt*, Walter, Nation und Nationalität in der DDR, Grund-

satzartikel in ND v. 15./16. Febr. 1975, abgedr. in: Deutschland-Archiv, 8. Jg. 1975, S. 1221–1228.

Kosthorst, Erich, Jakob Kaiser, Stuttgart 1972.

Kreile, Michael, Osthandel und Ostpolitik, Baden-Baden 1978.

Krone, Heinrich, Aufzeichnungen zur Deutschland- und Ostpolitik 1954–1969, in: Adenauer-Studien III, Mainz 1974, S. 134–201.

Krülle, Siegrid, Die völkerrechtlichen Aspekte des Oder-Neiße-Problems, Berlin 1970.

Kuklick, Bruce, American Policy and the Division of Germany. The Clash with Russia over Reparations, Ithaca, N. Y. 1972.

Kühn, Detlef, Deutschland und die deutsche Nation im Unterricht, in: Aus Politik und Zeitgeschichte, B 49/77, S. 3–10.

Kunze, Rainer, Die wunderbaren Jahre, Frankfurt 1976.

Kupper, Siegfried, Der innerdeutsche Handel, Rechtliche Grundlagen, politische und wirtschaftliche Bedeutung, Köln 1972.

Kupper, Siegfried, Handel ohne Politik? Wirtschaftliche und politische Aspekte des innerdeutschen Handels, in: Deutschland-Archiv, 10. Jg. 1977, S. 376–382.

Lamers, Karl (Hrsg.), Die deutsche Teilung im Spiegel der Literatur, Bonn 1978.

Leibholz, G., Nation, in: Evangelisches Staatslexikon, Stuttgart/Berlin 1966, Sp. 1331–1337.

Lehnert, Detlev, Reform und Revolution in den Strategiediskussionen der klassischen Sozialdemokratie, Bonn-Bad Godesberg 1977.

Leptin, Gert (Hrsg.), Die Rolle der DDR in Osteuropa, Berlin 1974.

Leptin, Gert und *Melzer*, Manfred. Die Wirtschaftsreform in der DDR-Industrie. Rezentralisierung ohne Konzept, in: Deutschland-Archiv, 8. Jg. 1975, S. 1266–1283.

Lindemann, Hans u. Kurt *Müller*, Auswärtige Kulturpolitik der DDR. Die kulturelle Abgrenzung der DDR von der Bundesrepublik Deutschland, Bonn-Bad Godesberg 1974.

Link, Werner, Der Ost-West-Konflikt, Die Organisation der internationalen Beziehungen im 20. Jahrhundert, Stuttgart 1980.

Löwenthal, Richard, Europa und die deutsche Teilung, in: Hofer, Walter (Hrsg.), Europa und die Einheit Deutschlands, Eine Bilanz nach 100 Jahren, Köln 1970, S. 305–329.

Löwenthal, Richard, Vom kalten Krieg zur Ostpolitik, in: Löwenthal Richard u. Hans-Peter Schwarz (Hrsg.), Die zweite Republik, 25 Jahre Bundesrepublik Deutschland – eine Bilanz, Stuttgart 1974, S. 604–609.

Löwke, Udo, Die SPD und die Wehrfrage 1949–1955, Bonn-Bad Godesberg 1976.

Ludz, Peter Christian, Deutschlands doppelte Zukunft, Bundesrepublik und DDR in der Welt von morgen, München 1974.

Mahncke, Dieter, Berlin im geteilten Deutschland, München/Wien 1973.

Mahncke, Hans Heinrich, Der neue Freundschafts- und Beistandspakt zwischen Sowjetunion und DDR, in: Deutschland-Archiv, 8. Jg. 1975, S. 1160–1175.

Maibaum, Werner, Zum Spiegel-Manifest, in: Liberal, 20. Jg. 1978, Heft 2, S. 99–102.

Mann, Golo, Zwölf Versuche, Frankfurt a. M. 1973.

Martiny, Albrecht, Marxismus und nationale Frage, in: Deutschland-Archiv, 8. Jg. 1975, S. 1176–1181.

Materialien zur Politischen Bildung, H. 4/1980.

Mattfeld, Antje, Modell einer Normalisierung zwischen den beiden deutschen Staaten, Düsseldorf 1973.
Matthias, Erich, Sozialdemokratie und Nation, Ein Beitrag zur Ideengeschichte der sozialdemokratischen Emigration in der Prager Zeit des Vorstandes 1933–1938, Stuttgart 1952.
Meinecke, Friedrich, Weltbürgertum und Nationalstaat, Neuauflage der 7. Aufl., Berlin 1962.
Meissner, Boris, Rußland, die Westmächte und Deutschland, Die sowjetische Deutschlandpolitik 1943–1953, Hamburg 1953.
Meissner, Boris, Die Bündnisverträge zwischen der DDR und der Sowjetunion, in: Aus Politik und Zeitgeschichte, B 43/79, S. 11–25.
Meissner, Boris, Sowjetische Außenpolitik und Afghanistan, in: Außenpolitik, 31. Jg. 1980, S. 260–282.
Meissner, Boris, Die Stellung der Sowjetunion zur Intervention und der Fall Afghanistan, in: Beiträge zur Konfliktforschung, 10. Jg. 1980, H. 2, S. 31–64.
Mentzel, Jörg-Peter und Wolfgang *Pfeiler,* Deutschlandbilder. Die Bundesrepublik Deutschland aus der Sicht der DDR und der Sowjetunion, Düsseldorf 1972.
Merkl, Peter-Hans, Germain Foreign Policies, West and East, On the Threshold of a New European Era, Santa Barbara (Calif.) 1974.
Meyer, Gerd, Die sowjetische Deutschlandpolitik im Jahre 1952, Tübingen 1970.
Miller, Susanne, Burgfrieden und Klassenkampf. Die deutsche Sozialdemokratie im Ersten Weltkrieg, Düsseldorf 1974.
Mommsen, Hans, Nationalismus, Nationalitätenfrage, in: Kernig, C. D. (Hrsg.), Sowjetsystem und demokratische Gesellschaft, Bd. 4, Freiburg 1971, Sp. 623–669.
Mommsen, W., Max Weber und die deutsche Politik, Tübingen 1959.
Mommsen, Wolfgang J., Die deutsche Frage als nationales und als europäisches Problem, in: Politik und Kultur, 1/1977, S. 3–23.
Morris, Ingo v. u. a. (Hrsg.) Finis Germaniae? Zur Lage Deutschlands nach den Ostverträgen und Helsinki, Frankfurt 1977.

Nakai, Takeshi, Die deutsche Sozialdemokratie zwischen Nationalismus und Internationalismus 1945–1952, Phil. Diss., Bonn 1975.
Das »Nationale Dokument« von 1962, »Die geschichtliche Aufgabe der Deutschen Demokratischen Republik und die Zukunft Deutschlands«, in: Aktuelle Materialien zur Deutschland-Frage, Hrsg.: Bundesminister für gesamtdeutsche Fragen, Nr. 84, Bonn 1962 (Erstabdruck: Zeitschrift für Geschichtswissenschaft, 1962, S. 758–786).
Nationalism, A report by a study group of members of the Royal Institute of International Affairs, London 1939, Repr. London 1966.
Niethammer, Lutz, Traditionen und Perspektiven der Nationalstaatlichkeit, in: Außenpolitische Perspektiven des westdeutschen Staates, Bd. 2, Wien 1972, S. 13–107.
Niclauss, Karlheinz, Kontroverse Deutschlandpolitik, Frankfurt/M 1977.
Nolte, Ernst, Deutschland und der Kalte Krieg, München 1974.
Norden, Albert, Zwei deutsche Nationalstaaten, in: Deutschland-Archiv, 6. Jg. 1973, S. 416–417.

Oberländer, Erwin, Zurück zu Stalin. Das Ende der sowjetischen Diskussion um den Nationbegriff; Berichte des Bundesinstituts für ostwissenschaftliche und internationale Studien, 54, Köln 1970.

Oldenburg, Fred und *Meier*, Christian, Der Vertrag über Freundschaft, Zusammenarbeit und gegenseitigen Beistand zwischen der Sowjetunion und der DDR vom 7. 10. 1975. Motive-Inhalt-Konsequenzen; Berichte des Bundesinstituts für ostwissenschaftliche und internationale Studien, Köln 1975.

Oppermann, Thomas, Staatliche Einheit oder innere Freiheit? Zu den langfristigen Perspektiven der nationalen Frage in Deutschland, in: Europa-Archiv, 33. Jg. 1978, S. 681–692.

Osten, Walter, Die Außenpolitik der DDR. Im Spannungsfeld zwischen Moskau und Bonn, Opladen 1969.

Pawelka, Peter, Die UNO und das Deutschlandproblem. Das Deutschlandproblem im Spannungsfeld zwischen der Bundesrepublik Deutschland und den Vereinten Nationen, unter bes. Berücksichtigung der Außenpolitik der BRD 1949–1967, Tübingen 1971.

Pfeiler, Wolfgang, Zum Nationalbewußtsein in der DDR, in: Politik und Kultur, 1/1977, S. 52–60.

Pfeiler, Wolfgang, Die deutsche Frage in der Sicht von UdSSR und DDR, in: German Studies Review, 2/80, S. 225–260.

Plessner, Helmuth, Die verspätete Nation, Stuttgart 1959.

Poeggel, Walter, Der Berlin-Vertrag – völkerrechtliche Basis für die friedliche Koexistenz zwischen DDR und BRD, Berlin (Ost), 1974.

Prowe, Diethelm, Weltstadt in Krisen. Berlin 1949–1958, Berlin 1973.

Radde, J., Die außenpolitische Führungselite der DDR. Veränderungen der sozialen Struktur außenpolitischer Führungsgruppen, Köln 1975.

Rausch, Heinz, Politische Kultur in der Bundesrepublik Deutschland, Berlin 1980.

Ritter, Gerhard, Das deutsche Problem, 2. Aufl., München 1966.

Ritter, Helgine, Adenauer und Kissinger. Ein Vergleich ihrer Pläne zur Wiedervereinigung Deutschlands, in: Deutschland-Archiv, 10. Jg. 1977, S. 266–270.

Rudolph, Hermann, Die Gesellschaft der DDR – eine deutsche Möglichkeit? München 1972.

Rudolph, Hermann, 30 Jahre DDR, in: Deutschland-Archiv, 12. Jg. 1979, S. 897–899.

Rumpf, Helmut, Land ohne Souveränität, Kritische Betrachtungen zur Deutschlandpolitik von Adenauer bis Brandt, 2. Aufl., Karlsruhe 1973.

Rumpf, Helmut, Deutschlands Rechtslage seit 1973, in: Zeitschrift für Politik, 22. Jg. 1975, S. 111–139.

Rumpf, Helmut, Vom Niemandsland zum deutschen Kernstaat, Düsseldorf 1979.

Schenk, Fritz, Rudolf Bahro und das Dilemma des Marxismus-Leninismus, in: Deutschland-Archiv, 11. Jg. 1978, S. 469–472.

Scheuch, Erwin, Was ist deutsch heute?, in: Politik und Kultur, 1/1977, S. 24–39.

Scheuer, Gerhardt, Die Rechtslage des geteilten Deutschlands, Frankfurt 1960.

Scheuner, Ulrich, Die staatsrechtliche Stellung der Bundesrepublik, Zum Karlsruher Urteil über den Grundlagenvertrag, in: Die öffentliche Verwaltung 1973, S. 581–584.

Scheuner, Ulrich, Die deutsche einheitliche Staatsangehörigkeit: ein fortdauerndes Problem der deutschen Teilung, in: Europa-Archiv, 34. Jg. 1979, S. 345–356.

Schick, Jack M., The Berlin Crisis 1958 to 1962, Philadelphia 1971.

Schieder, Theodor, Der Nationalstaat in Europa als historisches Phänomen, Köln/Opladen 1964.

Schieder, Theodor, Das Deutsche Kaiserreich von 1871 als Nationalstaat, Köln/Opladen 1961.
Schieder, Theodor, Nation und Nationalstaat in der deutschen Geschichte, in: Aus Politik und Zeitgeschichte, B 12/71, S. 3–15.
Schieder, Wolfgang, Anfänge der deutschen Arbeiterbewegung, Die Auslandsvereine im Jahrzehnt nach der Julirevolution von 1830, Stuttgart 1963.
Schieder, Wolfgang, Das Scheitern des bürgerlichen Radikalismus und die sozialistische Parteibildung in Deutschland, in: Mommsen, Hans (Hrsg.), Sozialdemokratie zwischen Klassenbewegung und Volkspartei, Frankfurt 1974, S. 16–34.
Schiedermair, Hartmut, Der völkerrechtliche Status Berlins nach dem Viermächte-Abkommen vom 3. September 1971, Berlin 1975.
Schmid, Günther, Entscheidung in Bonn, Die Entstehung der Ost- und Deutschlandpolitik 1969/1970, Köln 1979.
Schmid, Karin, Die Änderung der Verfassung der Deutschen Demokratischen Republik durch das Verfassungsänderungsgesetz vom 7. 10. 1974, Berichte des Bundesinstitutes für ostwissenschaftliche und internationale Studien, Köln 1975.
Schmid, Karin, Die deutsche Frage im Staats- und Völkerrecht, Baden-Baden 1980.
Schmidt, Helmut, Strategie des Gleichgewichts. Deutsche Friedenspolitik und die Weltmächte, Stuttgart 1969.
Schneider, Beate, Konflikt, Krise und Kommunikation, Eine quantitative Analyse innerdeutscher Politik, München 1976.
Schneider, Eberhard, Die SED der 80er Jahre, Das neue Programm und Statut der Partei; Berichte des Bundesinstituts für ostwissenschaftliche und internationale Studien, Köln 1977.
Schmitz, Kurt Th., Deutsche Einheit und Europäische Integration, Der sozialdemokratische Beitrag zur Außenpolitik der Bundesrepublik Deutschland unter besonderer Berücksichtigung des programmatischen Wandels einer Oppositionspartei, Bonn 1978.
Schramm, Theodor, Das Verhältnis der Bundesrepublik Deutschland zur DDR nach dem Grundlagenvertrag. Eine Einführung in die staats- und völkerrechtlichen Problembereiche mit Dokumentensammlung, Köln 1973.
Schulz, Eberhard u. Hans-Dieter *Schulz*, Braucht der Osten die DDR?, Opladen 1968.
Schulz, Hans-Dieter, Blick auf die 80er Jahre, in: Deutschland-Archiv, 12. Jg. 1979, S. 1009–1015.
Schumacher, Kurt, Nach dem Zusammenbruch, Hamburg 1948.
Schumacher, Kurt, Der Kampt um den Staatsgedanken in der deutschen Sozialdemokratie, Stuttgart 1973.
Schwarz, Hans-Peter, Konrad Adenauer: Erinnerungen 1945–1953, in: Politische Vierteljahresschrift, 6. Jg. 1965, S. 497–518.
Schwarz, Hans-Peter, Vom Reich zur Bundesrepublik, Deutschland im Widerstreit der außenpolitischen Konzeptionen in den Jahren der Besatzungsherrschaft 1945–1949, 2. Aufl., Stuttgart 1980.
Schwarz, Hans-Peter, Das außenpolitische Konzept Konrad Adenauers, in: Morsey, Rudolf u. Konrad Repgen (Hrsg.), Adenauer-Studien I, Mainz 1971, S. 71–108.
Schwarz, Hans-Peter, Die nationale Frage – morgen, 6 Thesen zur Positionsbestimmung nach 25 Jahren, in: Die politische Meinung, 19. Jg. 1974, Heft 154, S. 9–33.
Schwarz, Hans-Peter, Das Spiel ist aus und alle Fragen offen, oder: Vermutung zu

Adenauers Wiedervereinigungspolitik, in: Kohl, Helmut (Hrsg.), Konrad Adenauer 1876/1976, Stuttgart 1976, S. 140–156.
Schwarz, Hans-Peter, Brauchen wir ein neues deutschlandpolitisches Konzept?, in: Europa-Archiv, 32. Jg. 1977, S. 327–338.
Schweigler, Gebhard, Nationalstaatsbewußtsein in der DDR, in: Aus Politik und Zeitgeschichte, B 28/73, S. 23–38.
Schweigler, Gebhard, Nationalbewußtsein in der BRD und der DDR, 2. Aufl., Düsseldorf 1974.
Schweigler, Gebhard, Zum Nationalbewußtsein in der DDR, in: Politik und Kultur, 1/1977, S. 61–68.
Seliger, Kurt, Die nationale Frage im Spiegel des SED-Marxismus, in: Deutschland-Archiv, 7. Jg. 1974, S. 576–581.
Shafer, B. C. Nationalism in colonial Africa, London 1956.
Sharp, Tony, The Wartime Alliance and the Zonal Division of Germany, London 1975.
Shell, Kurt L. Bedrohung und Bewährung, Führung und Bevölkerung in der Berlin-Krise, Köln 1965.
Siegler, Heinrich v. (Hrsg.), Wiedervereinigung und Sicherheit Deutschlands Bd. 1, 6. Aufl., Bonn 1967.
Sloan, Stanley, Krise der Entspannung – Krise des Atlantischen Bündnisses?, in: Europa-Archiv, 35. Jg. 1980, S. 407–414.
Soell, Hartmut, Fritz Erler, Eine politische Biographie, 2 Bde., Bonn-Bad Godesberg 1976.
Sommer, Theo, Geteilt aber nicht getrennt, in: Grosser, Claus u. a. (Hrsg.), Das 198. Jahrzehnt, Hamburg 1969, S. 237–260.
Sontheimer, Kurt, Die verunsicherte Republik, München 1979.
Spittmann, Ilse, Honeckers Prioritäten, Zum 5. ZK-Plenum, in: Deutschland-Archiv, 10. Jg. 1977, S. 337–339.
Spittmann, Ilse, Der Fall Bahro, in: Deutschland-Archiv, 10. Jg. 1977, S. 1009–1011.
Stalin, J. W., Werke, Bd. 2, Berlin (Ost) 1953.
Steinberg, Heinz-Josef, Sozialismus und deutsche Sozialdemokratie, Zur Ideologie der Partei vor dem Ersten Weltkrieg, Bonn-Bad Godesberg, 3. Aufl. 1972.
Sulzbach, Walter, Zur Definition und Psychologie von ›Nation‹ und Nationalbewußtsein, in: Politische Vierteljahresschrift, 3. Jg. 1962, S. 159–186.

Thalheim, Karl C., Das Unbehagen an und in der DDR, in: Die politische Meinung, 23. Jg. H. Jan./Febr. 1978. S. 43–55.
Thalheim, Karl C., Die wirtschaftliche Entwicklung der beiden Staaten in Deutschland, Tatsachen und Zahlen, Opladen 1978.

Veiter, Theodor, Deutschland, deutsche Nation und deutsches Volk, Volkstheorie und Rechtsbegriffe, in: Aus Politik und Zeitgeschichte, B 15/1973.
Die Verfassung der Deutschen Demokratischen Republik, Synopse der Fassungen vom 6. 4. 1968 und 7. 10. 1974, hrsg. v. Bundesanstalt für gesamtdeutsche Aufgaben.
Das Viermächte-Abkommen über Berlin vom 3. September 1971. Hrsg. vom Presse- und Informationsamt der Bundesregierung, Hamburg 1971.
Vogel, Heinrich (Hrsg.), Die sowjetische Intervention in Afghanistan, Baden-Baden 1980.
Vogelsang, Thilo, Das geteilte Deutschland, 5. Aufl., München 1973.

Wagner, Wolfgang, Das Ost-West-Verhältnis nach der sowjetischen Intervention in Afghanistan, in: Europa-Archiv, 35. Jg. 1980, S. 135–146.
Weber, Hermann, Kleine Geschichte der DDR, Köln 1981.
Weber, Jürgen, Das Sowjetische Wiedervereinigungsangebot vom 10. 3. 1952, in: Aus Politik und Zeitgeschichte, B 50/69 u. B 40/70.
Weber, Jürgen (Bearb.), DDR – Bundesrepublik Deutschland, Beiträge zu einer vergleichenden Analyse ihrer politischen Systeme, München 1980.
Weber, Werner u. Werner *Jahn,* Synopse zur Deutschlandpolitik 1941 bis 1973, Göttingen 1974.
Wehler, Hans-Ulrich, Sozialdemokratie und Nationalstaat, Nationalitätenfragen in Deutschland 1840–1914, Göttingen 1971.
Weidenfeld, Werner, Jalta und die Teilung Deutschlands, Andernach 1969.
Weidenfeld, Werner, Die Frage nach der Kontinuität deutscher Außenpolitik, in: Politische Studien, 23. Jg. 1972, S. 575–585.
Weidenfeld, Werner, Öffnung nach Osten, Neue Wege deutscher Außenpolitik, Mannheim 1972.
Weidenfeld, Werner, Ostpolitik im Spannungsfeld der Kritik, Neuwied 1972.
Weidenfeld, Werner, Der Einfluß der Ostpolitik de Gaulles auf die Ostpolitik Adenauers, in: Morsey, Rudolf u. Konrad Repgen (Hrsg.), Adenauer – Studien III, Mainz 1974, S. 116–125.
Weidenfeld, Werner, Standortbestimmung deutscher Außenpolitik, in: Politische Studien, 25. Jg. 1974, S. 247–259.
Weidenfeld, Werner, Konrad Adenauer und Europa, Die geistigen Grundlagen der westeuropäischen Integrationspolitik des ersten Bundeskanzlers, Bonn 1976.
Weidenfeld, Werner, Europa 2000, Zukunftsfragen der europäischen Einigung, München/Wien 1980.
Weidenfeld, Werner, Europäische Integration und Einheit der Nation, Über die Vereinbarkeit zweier Ziele deutscher Politik, in: Dietz, H. u. W. Weidenfeld, Ein freies Deutschland in einem freien Europa, Hannover 1980, S. 21–34.
Weidenfeld, Werner, Europa vor den neuen Krisen der Weltpolitik, in: Außenpolitik, 31. Jg. 1980, S. 386–393.
Westdeutschlands Weg zur Bundesrepublik 1945–1949. Beiträge von Mitarbeitern des Instituts für Zeitgeschichte, München 1976.
Wettig, Gerhard, Fünf Jahre Berlin-Abkommen, in: Aus Politik und Zeitgeschichte, B 42/76.
Wettig, Gerhard, Das Funktionieren der Besuchsregelung für West-Berliner vom 20. Dezember 1971, in: Deutschland-Archiv, 13. Jg. 1980, S. 509–517.
Wilke, Kay, Bundesrepublik Deutschland und Deutsche Demokratische Republik, Berlin 1976.
Wilker, Lothar, Die Sicherheitspolitik der SPD 1956–1966. Zwischen Wiedervereinigung und Bündnisorientierung, Bonn-Bad Godesberg 1977.
Wilkers, Herbert, Das Sozialprodukt der DDR – ein Ost-West-Vergleich, in: Deutschland-Archiv, 9. Jg. 1976, S. 530–533.
Windsor, Philip, Deutschland gegen Deutschland. Die Überwindung der Gegensätze, Zürich 1971.
Winter, Helmut, Außenwirtschaftsplanung und betriebliche Ergebnisrechnung in der DDR, in: Deutschland-Archiv, 10. Jg. 1977, S. 1185–1200.
Winters, Peter Jochen, Mehr als eine Kaffeekrise, Die innerpolitische Situation in der DDR, in: Deutschland-Archiv, 10. Jg. 1977, S. 1233–1236.
Winters, Peter Jochen, Ein Schritt auf dem Wege der Normalisierung, Zu den Verkehrs- und Finanzvereinbarungen zwischen den beiden Staaten in Deutsch-

land, in: Europa-Archiv, 34. Jg. 1979, S. 269–278.
Winters, Peter Jochen, Kurswechsel Ost-Berlins gegenüber Bonn, Zum Stand der innerdeutschen Beziehungen, in: Europa-Archiv, 36. Jg. 1981, S. 31–38.

Zieger, Gottfried (Hrsg.), Fünf Jahre Grundvertragsurteil des Bundesverfassungsgerichts, Köln 1979.
Zivier, Ernst Renatus, Der Rechtsstatus des Landes Berlin. Eine Untersuchung nach dem Viermächte-Abkommen vom 3. Sept. 1971, 2. Aufl., Berlin 1974.

9. Register